2025年を制覇する破壊的企業

山本康正

525

ここは2025年12月12日、
アフターコロナの日常世界

はじめに

5年後の未来はこの11社が決定づける

浦安にある高層マンションの一室で、ひとりの男性がなにやら頭にゴーグルのようなデバイスを装着し、目の前のモニターに向かって身振り手振りを交え、話しかけています。男性の名は中村 翔（仮名）。年齢は42歳。モニター右下のカレンダーを見ると、2025年12月12日と表示されています。

翔さんは東京大学を卒業した後、日系の大手商社に勤め始めました。しかし、年功序列や新しい制度・テクノロジーを取り入れない旧態依然の体質が合わないと、退職。人工知能（ＡＩ）の開発を手がけるベンチャーに転職します。職の安定性は下がりましたが、やりがいがあり、上場を目指しスピード感のある会社です。

翔さんが頭に装着しているデバイスは、マイクロソフトのホロレンズという製品です。このデバイスを使うと、これまでＰＣやスマートフォン上に表示されていたバーチャルの画面が、レンズを通じて目の前の現実世界に投影されます。翔さんが先ほど話しかけていたモニターも現実のものではなく、本来であれば何もない空間に投影されたバーチャルイメージです。そこには、別の場所にいる会社のメンバーが映し出されています。

翔さんはこのホロレンズを使って、彼らと、２０２６年に発売予定製品の新しい広告キャンペーンについて、ミーティングをしている最中でした。

このような、現実の世界に仮想世界を融合するＭＲ（Mixed Reality）技術がここ数年急激に社会に浸透。ビジネスにおいても暮らしにおいても、なくてはならない存在となっています。

さらに、翔さんが話しかけているモニターの横には、来年のキャンペーンで使うグッズが立体的に原寸大で浮かび上がっています。グッズの横には、キャンペーンで使用する動画も同じく流れています。これらも、もちろんバーチャルイメージです。

ミーティングに参加しているメンバーは、翔さんも含め10名。アメリカオフィスのＰＲ担当、フランスオフィスの企画開発者、中国工場の責任者など。ミーティングの参加者は全員ホロレンズを装着し、動画やグッズを共有し、議論を重ねています。

しばらくすると翔さんはホロレンズを外し、パソコンを操作し始めました。次の会議に参加するためです。使っているビデオ会議ソフトは、Zoomを買収したグーグルによるGoogle Zoom。以前は別のソフトを主に使っていましたが、ベンチャーに移ってからはビデオ会議ツールだけでなく、他のビジネスアプリの多くがグーグルに変わりました。

ビデオ会議の相手はカリフォルニアオフィスのジョンです。ジョンはそろそろ終業時刻ですから、プロジェクトのバトンを引き継ぐための打ち合わせのようです。

翔さんは英語が堪能ではありませんし、ジョンも日本語が話せません。でも2人がコミュニケーションで困ることはありません。翔さんの話した日本語は英語に。ジョンが話した英語は日本語に瞬時に翻訳され、音声としてお互い聴くことができているからです。

グーグル・ディープマインドの人工知能ならびに、膨大なデータを瞬時に処理することができるクラウドのおかげです。

人工知能の役割は翻訳だけではありません。会議の内容も、英語、日本語両方の言葉で議事録としてドキュメント化。メールや契約書を作成する際にも、人工知能がこれまでの仕事の履歴から、最適なフォーマットを提案してくれます。そのため翔さんがするべきことは、フォーマットを埋めることと、送信ボタンを押すことだけ。数年前から、紙を使うこともなくなりました。

これだけの優秀な機能を備えたパソコンですが、価格は1万9800円です。グーグルが発売している端末で、インターネット接続程度の、最低限の機能しか備わっていません。ただ横に置いてあるスマホやクラウドと連携することで、先の人工知能のような高機能を可能にしています。

パソコンは翔さんの私物です。そのため会社が資産管理をするために貼るステッカーも見当たりません。クラウドストライクというベンチャーが開発した、人工知能とゼロトラスト（社内外問わず完全に信頼できる者などいないという前提に立った考え方）を活用したセキュリティのおかげです。VPN（バーチャル・プライベート・ネットワーク）やアンチウイルスソフトを使う人は、セキュリティの懸念から2025年では随分減りました。

毎日必ずオフィスに通うとの社内規定も、翔さんが商社を辞めたいと思った理由の一つでした。満員電車が嫌なのもありましたが、自宅にいながら十分仕事ができると考えていたからです。そして今まさに、そのとおりの働き方をしています。

オフィスに行くタイミングや頻度は従業員の裁量に委ねられており、結果を出せばいいからです。そのため翔さんがオフィスに行くのは、週に1度ほどです。

5年前に世界を恐怖に陥れた新型コロナウイルスの影響は、今でも続いています。ワクチンは開発されましたが、コロナウイルスは変異。さらに毒性の強いCOVID-22,24が出現し、再び新しいワクチンを開発しなければならない。そんなイタチごっこが続いている状況だからです。

ただ人類もだまっていません。ＧＡＦＡをはじめとするテクノロジー企業が、人が密にならない、直接会うことなくビジネスを行えるさまざまなテクノロジーの開発を加速させたからです。そして翔さんの会社のように、多くの会社がテクノロジーを導入、ＤＸ（デジタルトランスフォーメーション）は瞬く間に社会に浸透しました。

「コロナでテクノロジーの進化は10年早まった」と、ある専門家がコメントするほど、新型コロナウイルスの登場で、２０２５年の世界は劇的な進化を遂げています。

一方で、翔さんが以前働いていた商社はＤＸの波に乗り遅れました。アメリカ投資家のウォレン・バフェット氏が10％近くまで株式を買い増しましたが、感染症が収まらないことから資源の市場は戻らず、会社の株価は冴えず、結果、優秀な人材が次々と流出、以前のような輝きはなくなりました。

経済産業省が２０１８年に警告したレポート「２０２５年の崖」の通り、古いシステムを使っている大企業はＩＴ予算のほとんどがメンテナンスに使われてしまい、資産だと思っていたシステムは負債に変わり身動きが取れない状態に陥ってしまったのです。

通勤は電車の200％コスパのいい〝ロボタクシー〟

今日は、オフィスに行く日です。翔さんは準備を整えると、スマホを取り出し迎車アプリでタクシーを呼びました。エントランスに降りていくと、先ほど呼んだタクシーがすでに停車しています。

タクシーのボディには「ロボタクシー」と書いてあります。このタクシーは自動運転のモビリティであり、ドライバーはいません。見た目も以前のモビリティとは大きく異なります。ハンドルはありませんし、前席、後席の区別もなし。ボックスシートの仕様で、複数人が搭乗したときは、向かい合ってコミュニケーションをとることができます。テスラが開発しました。

車内に乗り込むと、翔さんお気に入りの音楽が流れています。翔さんはプライベートでもテスラオーナーのため、テスラの人工知能が翔さんの好みを把握しているからです。車内にはモニターもあり、ビジネスに役立ちそうなＡＩ関連のニュースが流れています。

ロボタクシーはテスラが手がけているサービスで、ふだんは駐車場に停めてある車両を、タクシーとして利用するサービスです。２０２５年の世界では街中のあらゆるところ、しかもホテルやスーパー、スターバックスといった利便性の高いところにテスラの充電ステーションが設置され、充電で困ることはありません。

テスラは太陽光発電事業にも進出。翔さんの住むマンションには、テスラのソーラーパネルも備わっています。

ロボタクシーを展開しているのはテスラだけではありません。アマゾンもテスラに対抗し、２０２０年に自動運転技術を手がけるベンチャー、ズークスを買収した後、急激にロボタクシーの開発を進め、アマゾンタクシーを走らせるようになりました。

アマゾンタクシーはまさにアマゾン一色です。車内に入るとアマゾン製品があちらこちらに置いてあります。テスラと同じようにモニター類も設置され、そこにはアマゾンが顧客から得たビッグデータ解析により最適化された、動画コンテンツなどを配信。

アマゾンタクシーには、コロナ禍の影響を考慮した仕組みも備わっています。乗客が降りる度に、車内を自動消毒する機能です。その消毒スプレーももちろんアマゾン製で、その場で注文することもできます。

アマゾンがロボタクシーの開発を始めた２０２０年は、ライドシェアではありませんが配車サービスとして東京でウーバーのサービスが始まった年でもありました。しかしウーバーは瞬く間にロボタクシーに市場を奪われ、東京から撤退せざるを得ませんでした。

電車に乗る機会もめっきり減りました。時間、料金、安全性において、圧倒的にロボタクシーの方が勝っているからです。電車であれば浦安から六本木のオフィスまでは約45分、料金は３５０円でしたが、ロボタクシーを使えば25分で２１０円ほど。しかもドア・ツー・ドアで、密の状況も避けられます。

このような理由で、多くの人がロボタクシーを使うようになり、電車は以前の10分の１程度しか走らなくなりました。

電車、ウーバーと同じく２０２５年の世界で淘汰されているものがあります。自動車デイーラーです。ロボタクシーの登場で自家用車を購入する人が激減したことが理由です。

六本木のオフィスビルに着きました。翔さんは料金を支払うことなく、そのままビルの中に入っていきます。乗車予約時に使ったアプリで自動精算されるからです。ロボタクシーは翔さんを降ろすと、スーッと次の客の元に向かっていきました。電気自動車なので、音も静かです。

出張先の宿はアップルホテル

あるとき、翔さんは大阪に出張に行くことになりました。以前であれば新幹線で移動中は、車内 Wi-Fi を利用していましたが、今では Wi-Fi を利用することはありません。5Gが十分に浸透したからです。5Gに加えて通信設備をクラウドに移行したことで、通信費用も大幅に下がりました。

翔さんが契約しているプランは、月額500ギガまで使えて3000円です。5年前には同料金で使える容量は5ギガ程度でした。今では移動中も容量を気にすることなく、スマホやノートパソコンはつなぎっぱなし。動画を観ても遅延するようなこともありません。

出張先での商談を終えた翔さんは、宿に向かいました。アップルが最近オープンした、アップルホテルです。感染症のため大手ホテルグループが破綻し、大手プライベート・エクイティ・ファンドが買収をしました。その中で高級ブランドのホテルのみ、アップルがブランド権を買い取ったのです。アップルは、アップルカードを日本でも発表し金融業界へ参入しました。iPhone ユーザーであれば他のカードよりも割引率が高いため、アップルカードは瞬く間に浸透。アップルホテルを選んだのも、さらなる割引を受けられるからです。

翔さんがアップルホテルを好むのは、割引率が高いからだけではありません。手間なく、快適な環境で過ごせるからです。翔さんはホテルに入り部屋に向かうと、部屋の前にあるタッチパネルに iPhone をかざしました。

すると、空調や照明、サウンドなどが翔さんの好む状態にプリセットされました。アップルが提供する、アップクリップスというサービスが実現しています。

アップクリップスを利用すると、個別のアプリをインストールしなくても、必要なときだけアプリの機能を利用することができます。しかも連携は iPhone をかざすだけ。

iPhoneとアップクリップスがあれば、どこに行ってもiPhoneをかざすだけで、自分の好む環境が瞬く間に実現します。

商談で疲れたのか、アップクリップスが提供してくれた環境が心地よかったのか、翔さんは部屋に入ると、すぐにベッドで横になりました。すると耳に装着していたアップルの無線イヤホン、エアポッズから、心が落ち着く音楽が流れてきます。このまま寝てしまうと思った翔さんは、かけていたメガネをベッドのサイドボードに置きました。

エアポッズが心の落ち着く音楽を流すことができたのは、メガネから得た情報を分析していたからです。アップルグラスです。アップルグラスは翔さんの表情を読み取り、心や体の状況を分析。疲れていると判断し、癒やしの音楽をエアポッズを通して流してくれたのでした。

グラスが置かれた後には、さらに落ち着く、心地よい眠りにつくような優しい音色へと変わりました。

翔さんは数年前から、お風呂や運動をするとき以外、アップルグラス、アップルウォッチとエアポッズを常に装着しています。最適な情報が送られてくるのはもちろんですが、デバイスが進化したことで、充電も無線で行えるようになったからです。

AI先生、小学2年生に九九を教える

翔さんには小学校2年生の男の子、翔平くん、保育園に通う5歳の女の子、翔子ちゃんという2人のお子さんがいます。小学校の授業も、長引く新型コロナウイルスの影響で、完全にリモートに移行。翔さんが自宅でリモートワークしているのと同じように、翔さんの隣の部屋では、翔平くんが学校の授業を受けています。

リモート授業でもホロレンズは活躍しています。今日は、理科の授業のようです。ホロレンズを装着した翔平くんの目の前には、人体模型が実物大で浮かび上がっています。先生の説明と共に、内臓、骨などが、まるで解剖されているかのように次々と浮かんでいき、翔平くんは興味津々です。

分からないことがあればその場で、先生に質問できるような、インタラクティブな授業にもなっています。よほど体の仕組みが興味深かったのでしょう。翔平くんだけでなく、多くの子どもたちから一斉に質問が上がりました。すると先生以外の声で答えています。人工知能が質問を把握し、それに応じて瞬時に答えているのです。

人工知能はテストの解答も先生の代わりに行いますし、自宅での勉強でも心強い味方です。たとえば九九。生徒一人ひとりにより進捗が異なることを把握し、適した指導を行います。翔平くんは8の段が苦手なことをAI先生は分かっているので、今日も徹底的に8の段を繰り返し復唱しました。

人工知能先生の登場により、教材をストリーミングするだけのeラーニングコンテンツはシェアが低下しています。

効率よく学習でき、学校までの移動時間もない。子どもたちの遊ぶ時間は、以前より増えました。もっぱら遊びは、ネットゲームやバーチャル空間でのSNSです。翔平くんが最近ハマっているのは、世界最大級のオンラインバトルゲーム「フォートナイト」です。勉強が終わると、フォートナイトにログイン。先に入っていた友だち数人がすでにプレイを楽しんでいて、翔平くんもその輪に加わります。

友だちの中には、ゲームの実況で盛り上がっている子もいます。ホロレンズはつけたまま。実際に友だちが隣にいるような感覚で敵と戦うことが、翔平くんにとってはたまらなく心地よいようです。

ゲームに飽きると、次はホライズンにログインしました。ホライズンはフェイスブックが提供しているサービスです。ネット上のVR空間で「アバター」と呼ばれる自らの分身を通じて他の参加者と交流できます。

翔平くんはホライズン内に暮らす自分のアバターを動かし、飛行機を操縦したり、先ほど同じようにホライズン内の友だちとバトルゲームをするなどして楽しんでいます。

アレクサクッキングシェフご用達《ようたし》の大豆肉のステーキ

パートナーのえりかさんはサービス業のため、翔さんとは違い、働きに出ることが多いです。そのため翔子ちゃんは保育園に通っています。ある日、えりかさんのスマホのアラートが鳴りました。アラート元は、翔子ちゃんの腕につけられたアップルウォッチからでした。

アップルウォッチはバイタルの多くを計測するように進化し、そのアラートは翔子ちゃんのバイタルを分析した結果、体調が悪くなると判断。アップルが送ったものでした。えりかさんは早々に仕事を切り上げ、翔子ちゃんをお迎えに。大事に至ることはありませんでした。

　仕事から戻ったえりかさんは、夕食を作り始めました。といっても、自分で包丁を握ったり、鍋を使うようなことはありません。えりかさんが行う作業は、冷蔵庫から食材を出してまな板の上に置いたり、カットされた食材を電子レンジや鍋に入れるといったことくらいです。本格的な調理はアマゾンのロボット、アレクサクッキングシェフが行ってくれます。

　クッキングシェフにはアマゾンのAI、アレクサが搭載されていて、食材を画像認識すると、レシピに沿ってどのように調理したらいいかを瞬時に判断。自分ではできないことを、えりかさんにお願いします。

　えりかさんは調理だけでなく、レシピを考えることもしません。アレクサがこれまでの好みや傾向、健康状態を把握し作成してくれるからです。買い物にも行きません。冷蔵庫にもAIが搭載されていて、食材が足りなくなったり、調理に必要な食材は自動で注文・配達されます。

　ときには変わった食材を頼みたいこともありますが、そのようなときもスマートスピーカーに「アレクサ、生パクチーをたっぷり注文しておいて」と話しかければOK。生活のあらゆる場所にＡＩが介在する「スマートハウス」という概念で、アレクサというＯＳが家をコントロールしているような感覚です。

翔さん一家が暮らすマンションは、アマゾンマンションといい、アマゾンが手がけている不動産です。部屋に置かれている家電はすべてアマゾンがセレクトした品で、調理器具に限らず、トイレやお風呂といった水まわり、空調・照明なども、すべてアマゾンブランドです。

すべてのデバイスがクラウドを介して連携しており、翔さん一家は自分たちが動くことなく、点灯や消灯など、大抵のことをアレクサが判断し自動で行います。

アマゾンマンションは快適なだけでなく、同程度の物件より安価という特徴もあります。アマゾンがデータ取得や広告の場でもあると捉えているからです。入出時は鍵もカードも使いません。入り口に設置されたカメラによる顔認証で行われます。

アマゾンマンションには農場も備わっています。先ほどえりかさんが調理していた食材は、同じ建物内の農場で作られた作物で、生産された野菜などはマンション住人だけでなく、アマゾンを通して一般の人も買うことができます。

料理ができたようです。テーブルに並べられた料理は、肉汁がしたたっている熱々のステーキです。えりかさんは一口食べると、「おいしい！」と満足そうな表情を浮かべました。ただこのステーキ、実は本物の牛肉ではありません。大豆から作られている代替肉です。アメリカのベンチャー、インポッシブル・フーズが開発しました。

えりかさんは若いころから動物の殺生問題などに関心が高かったため、ベジタリアンに興味がありました。ただおいしい食事にも関心が強かったため、長い間諦めていました。それまでのベジタリアンフードを、あまりおいしいと感じていなかったからです。しかし数年前から完全にベジタリアンに。インポッシブル・フーズのおかげです。

インポッシブル・フーズの大豆肉は、味が肉と同じというだけでも画期的なのですが、さらに食感まで肉と同じになっており、「ベジタリアンだって肉の食感がほしい」という消費者の潜在的ニーズを見事につき、瞬く間に世界中に浸透しました。

100万通りのシナリオがある『愛の不時着2』

食事を終えたえりかさんはテレビを観ようと「アレクサ、テレビをつけて」とアマゾンエコーに話しかけます。テレビはすぐにつきましたが、流れている番組は5年前とはだいぶ変わっています。

オンタイムで番組を見る機会がほとんどなくなったからです。テレビに映し出されたのは5年前に日本でもブームになった韓国ドラマの続編『愛の不時着2』。えりかさんが韓流好きなのを知っているアレクサが、ネットフリックスのコンテンツを映し出しました。

番組を見終わったえりかさんは、すぐにスマホで友だちと連絡を取ります。

「エンディング、どんな終わり方だった？」

少し不思議な会話です。原因は、同じ映画やドラマでも視聴者によりシナリオが異なっているからです。

ネットフリックスは人工知能を使って視聴者の視線や表情を解析し、適した映像も人工知能で自動生成します。視聴者の「今」の嗜好に沿ってリアルタイムにシナリオや映像が変わる作品を提供するようになりました。視聴者が100万人いたら100万通りのストーリーがあるのです。2025年の世界ではヒット作になっています。

友だちとシナリオの違いについて盛り上がっていると、テレビにはイーロン・マスクの新しいサービスがニュースで紹介されています。翔さんがテレビの近くを通ったため、アレクサが瞬時に翔さんが好む動画に切り替えたのです。

イーロン・マスクが新しいコンピューティングの開発に本格的に着手したと、ニュースでは伝えています。脳波を活用したテクノロジーで、実現すれば人が考えたことが言葉に出さずに実行されると。考えるだけでテキストがドキュメント化されたり、タクシーを呼べたりするような未来です。

友だちとのやり取りを終えたえりかさんは、インスタグラムを観ています。あるモデルがアップした1枚の画像をタップしました。するとバッグが購入できるネットショップに飛び、えりかさんはフェイスブックの仮想通貨リブラを使って、そのバッグを購入しました。

フェイスブックはインスタグラムに限らず、他のSNS企業をその後も積極的に買収。リブラによる決済が普及したこともあり、ユーザーはさらに拡大し、40億人を突破するまでに成長しています。

ファッションに関心が高いえりかさんはアクセサリーをハンドメイドし、副業として販売していますネットショップをつくる際に利用したのが、ベイスというベンチャーです。

えりかさんのようなITにあまり強くない人でも、ネットショップ作成が30秒で、しかも無料でつくれるサービスを手がけているベンチャーです。アメリカで同様のサービスを行うショッピファイの成長に引っ張られるかたちで、日本でも急成長しています。

えりかさんは株式投資も行っています。といっても証券会社を訪れたり、パソコンのモニターの前に張りつき、株価の動向を気にするようなことはありません。使うのはスマホだけ。しかも、ゲーム感覚で投資を楽しんでいます。アメリカのベンチャー、ロビンフッドが開発したアプリならびにサービスのおかげです。ロビンフッドは証券業界ではこれまであり得なかった「取引手数料無料」を実現したことで、資産0の投資初心者にまで投資文化を広げ、投資は誰もが行う当たり前の世界を作り上げました。

副業や投資で得たお金は、翔平くんが通う私立小学校の学費に充てられています。ロビンフッドはレコメンデーション機能が充実しており、最近は設立したばかりのベンチャーへの投資をすすめられ、3万円を投資。これから大化けすることを楽しみにしています。

新型コロナウイルスの影響で人々が外に出る機会が大幅に減ったこと。街中を走る車や電車の数も減ったことなどから、2025年の世界では、地球環境は大幅に改善していま す。大気や河川は浄化され、拡大を続けていたオゾンホールも拡大が減速する傾向にあり ます。

人類を苦しめ続けるウイルスが、一方で、地球をきれいにすることに貢献している。そ んな皮肉な一面も、未来の世界では起きています。

「ニューヨーク金融機関×ハーバード大学院理学修士×元グーグル×ベンチャー投資家」による未来予測

いかがだったでしょう。これが仮定も多くありますが私が描く2025年の一つの未来予想図です。実際の実現は数十年のズレがあるかもですが本書は2025年の世界に大きな影響力を持つ世界最先端11社を分析することで、5年後を読み解く未来予測書です。実際、未来予測の中に11社すべて登場しています。

本書は2部構成になっています。第1部では、2025年がどうなっているかを描きます。11社がどのような思惑を持ち、動いているのか。そして、そこから生まれる社会のメ

本書コンセプト

第1部 2025年はどうなっているか？

第1章 「世界最先端11社の思惑」と「3つのメガトレンド」

Google / Amazon / Facebook / Apple

Microsoft / Netflix / テスラ

インポッシブル・フーズ / ロビンフッド / クラウドストライク / ショッピファイ

▼

メガトレンド①
業種の壁崩壊とコングロマリット化の再来 → 第2章

メガトレンド②
ハードでもソフトでもなく〝体験〟が軸になる → 第3章

メガトレンド③
データを制するものが未来を制す → 第4章

▼

第2部 2025年を生き抜く処方箋

5年後に破壊される「企業」、台頭する「企業」 → 第1章

5年後に破壊される「仕事」、台頭する「仕事」 → 第2章

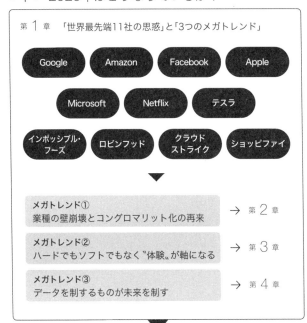

ガトレンド、5年後に実現する未来の姿を、より深く紹介しています。

第1部を受け第2部では、企業そしてビジネスパーソンがどうしたら5年後の世界を生き抜くことができるかを深く考察していきます。本書を読み進めれば、私がイメージした2025年の未来が夢物語でないことが、お分かりいただけることでしょう。

私は現在、シリコンバレーと東京にオフィスを構える、DNX VenturesというVC(ベンチャーキャピタル)でインダストリーパートナーをしています。同社は主に、アーリーステージのB to Bベンチャーへの投資を手がけており、創業は2011年。以来、日米合計80社以上に対し、総額250億円以上の投資を実施してきました。

日本の大企業とシリコンバレーのベンチャーを結ぶ、いわゆるオープンイノベーションや協業支援なども行っており、こちらでの実績は100件以上になります。

母校である京都大学、ハーバード大学をはじめとして、早稲田大学ビジネススクールなどで研究員や特任准教授なども務めています。

専門は主に「フィンテック」「人工知能」ですが、私が同領域で活躍しているベンチャーキャピタリストと、大きく異なる点があります。投資領域以外にも、経済やテクノロジーの知見を持ち合わせていることです。

私のキャリアは京都大学でサイエンスを学んだことが出発点です。その後は東京大学大学院で、工学だけでなく環境、経済学といった文系領域も学び、卒業後は銀行で金融とビジネスの知識を身につけます。

ニュージーランドへの留学を通じ環境問題の関心の高まりや、結核、エイズ、マラリア、といった病を撲滅するために設立された世界的な国際機関へのインターンも経験しています。

当時の私は、世の中を変えられるのは民間企業ではなく、政府や国際的な機関だと考えていました。ところがそんな私の考えを変える事件が起きました。東日本大震災です。

津波の影響で、街にはがれきが散乱。通れない道が多く発生しました。その状況を改善するためにいち早く動いたのが、グーグルです。グーグルマップと民間が連携することで、通行可能な道が検索できるシステムを素早く構築し、住人に提供しました。

行方不明者の検索も、避難所などに情報を貼り付けて探すといったアナログ的な手法であったのを、パソコンで簡便に行えるようにしました。

テクノロジーがあれば、民間企業でも社会を変えることができる。私は衝撃を受け、グーグルへの入社を決めます。

グーグルではインダストリーアナリストという肩書で、大企業の社長や役員向けにグーグルのみならず世界最先端のテクノロジーやサービスを紹介する仕事を担当しました。言ってみれば、アメリカ発のテクノロジーを、日本の大企業に紹介、導入する、今で言うDXの業務です。

ここでも衝撃を受けます。日本の大企業のトップや役員が、テクノロジー、特にデジタルに弱かったことです。言葉など、何となくは知っているのですが、実際にビジネスにどう活用できるのか。そのような具体的なビジョンが、ほとんどありませんでした。

グーグル時代には、ベンチャーの支援も行うようになりました。そうしてビジネスとテクノロジーの両方の知見を得た私は、それを活かして今のポジションにいます。テクノロジーのみに知見が偏るとどうしても専門的すぎてその良さをビジネスサイドに伝えられない。一方、ビジネスサイドの人からするとテクノロジーの深いところまでは理解するのが容易ではない。

私はその二者をつなぐエバンジェリスト（伝道師）として、イノベーションの種を少しでも多く実現させることを使命としています。

GAFAだけ見ているのは日本だけ

最初、編集者さんからこの本の話をいただいたときは、少しためらいがありました。私などが読者の皆さんに与えられるものなどあるのかと考えていたからです。

しかし、従来からもやもやとしていたことが実はありました。書店に多く並ぶアカデミア、エンジニア、ジャーナリスト、アナリストの方々が書く未来予測書を読むと、そこには決定的に欠けていると感じる点があったからです。

「そのビジネスやテクノロジーは、本当に人々に浸透するか（儲かるか）？」

どんなに革新性が高い製品やサービスでも、儲からなければ世の中に広がることはありません。常にこの観点を持っているベンチャーキャピタリストとしては、表面的で目立つことが目的である分析による多くの未来予測書が読者の行動を翻弄してしまっているのではないかと懸念していました。

そのような想いがある中での出版の依頼でした。「読者がこれからの激動の世界を生き抜く指針になる〝本当の〟未来予測を届けたいんです」。そんな編集者さんからの熱い懇願が決め手となり、本書出版を決めました。

実際、テクノロジーの知識があると、未来の予測の芽の想像は大体つきます。業界を破壊するようなイノベーションは、テクノロジー界隈で起きやすいからです。そうして生まれたテックベンチャーは簡単にピボット（方向転換）し、業界を超える特徴も持ち合わせています。その結果、短期間で大きく成長していきます。

GAFAがまさにそうでした。ただシリコンバレーでは、GAFAに続くベンチャーが、今まさにこの瞬間も、次々と生まれ続けています。当然、GAFAはそのことを知っていますから、自分たちを脅かす可能性のあるベンチャーは、できるだけ小さいうちに買収するなどして、囲い込んでいます。

そうして取り入れた新しいテクノロジーで、新たなビジネスを展開、さらに巨大化していく。いわば、オセロの隅を常に押さえにいっているのです。そこには業界の壁もありません。

つまりGAFAと界隈のベンチャーの動きを見ていれば、特に、GAFAですら持っていない新たなテクノロジーを生み出している企業の動向を追うことで、これからのトレンド、未来の世界の動きを知ることができるのです。これが、世界の常識です。

ところが日本では、現在の時価総額や直近の業績に着目する傾向が強いと私は感じています。しかしいま出ている数字や評判は、過去のことでしかありません。過去に行ったことの結果としての今なのです。大切なのは、いかにこの先もスケールし続けるか。ＶＣ的な観点で表現すれば、時価総額が10倍、20倍のヒットではなく、50倍を超えるようなホームランクラスの成長です。

本書で紹介している11社は、まさにホームラン級の成長をしている、してきた企業です。

社会、未来へのインパクトが強い企業とも言えます。

時代のトレンドに乗り遅れ、未来予測を間違えると、いかに大きな企業であっても淘汰されます。そしてその動きはすでにあり、本書で度々触れています。

現代と大きく様変わりするであろう２０２５年の未来で、企業やビジネスパーソンが生き残るためにはどうすればよいのか、その術も紹介しています。

５年先の２０２５年、さらにその先の未来において、企業もビジネスパーソンも生き残っていくための一助に本書がなれば幸いです。

はじめに
5年後の未来はこの11社が決定づける――004
通勤は電車の200％コスパのいい〝ロボタクシー〟――009
出張先の宿はアップルホテル――012
AI先生、小学2年生に九九を教える――015
アレクサクッキングシェフご用達の大豆肉のステーキ――017
100万通りのシナリオがある『愛の不時着2』――020
「ニューヨーク金融機関×ハーバード大学院理学修士×元グーグル×ベンチャー投資家」による未来予測――024
GAFAだけ見ているのは日本だけ――029

第1部 2025年はどうなっているか？

第1章 世界最先端11社の思惑と3つのメガトレンド

グーグル 検索後の世界から「検索前」の世界へ――042
アマゾン アレクサ君、屋外へ進出。ついに街全体を食いに来る――045
フェイスブック 2万km離れた人と目の前で会話ができる世界へ――052
アップル 視覚から聴覚、嗅覚へ。人間の五感すべてを占拠――056
ネットフリックス 2億人以上の嗜好に合わせた映像を届ける――062
マイクロソフト スマートシティのOSの覇者になる――068

テスラ　東京・大阪間を時速1000kmのリニアでつなぐ!? ―― 072
インポッシブル・フーズ　「ベジタリアンだって肉の食感がほしい！」を実現 ―― 081
ロビンフッド　証券業界初の「売買手数料0」で投資が当たり前の世界をつくる ―― 084
クラウドストライク　〝1億総テレワーク社会〟のトリガーになる ―― 089
ショッピファイ　10兆円ベンチャー、アマゾンと楽天を破壊する ―― 093
BATHは世界にはあまり出られない ―― 096
メガトレンド①　業種の壁崩壊とコングロマリット化の再来 ―― 105
メガトレンド②　ハードでもソフトでもなく〝体験〟が軸になる ―― 110
メガトレンド③　データを制するものが未来を制す ―― 113

第2章

業種の壁崩壊とコングロマリット化の再来

11社がつくるメガトレンド①

本業を決めない企業が勝つ――118
カード・金融会社が飲み込まれる――124
小売りなのにコロナで一人勝ち　ウォルマートの秘密――127
激変する業種①：運輸――電車の2倍速く40%安いロボタクシーが鉄道を破壊――131
激変する業種②：映像――ディズニーがビジネスの究極系に――134
激変する業種③：農業――東京の20階建てビルで高級野菜が育つ――140
激変する業種④：セキュリティ――コロナ後にさらにリモートワークを加速――144
激変する業種⑤：モビリティ――ロボタクシーがウーバーのライドシェア事業を破壊――146
激変する業種⑥：建設――アマゾン、スマートホームを狙う――153
激変する業種⑦：ヘルスケア――アップルウェルネスセンター誕生!?――157
激変する業種⑧：物流――ドライバーがあなたの家の冷蔵庫まで荷物を届ける――162

第3章

ハードでもソフトでもなく〝体験〟が軸になる

11社がつくるメガトレンド②

利益0でもいい　Apple Cardの衝撃 —— 168
「売れない」は失敗ではなくなる —— 171
なぜスマホは2年契約なのか？ —— 173
5年後、PCだけがメインのデバイスではなくなる —— 177
車は2カ月ごとに性能がよくなる —— 180
テスラが「広告費0・ディーラー0」でも売れる理由 —— 183
ベジタリアンが実は持っている〝わがまま〟 —— 190
Zoom利用者、コロナ禍の20日で1億人増 —— 193
スマートスピーカーは「声」すらかける必要がなくなる —— 197
スマートハウス・シティが当たり前に —— 200

第4章

11社がつくるメガトレンド③ データを制するものが未来を制す

データは「情報のバランス」を取るもの —— 206
アップルVSグーグルのデータ戦争 —— 208
ハードは体験を届ける一つの手段でしかない —— 213
データの権利は誰が握るか？ —— 216
旅館の女将が出す茶菓子が変わる —— 218
1分ごとに変化する航空券の値段 —— 220
スマートウォッチで行動がバレる —— 222
100万車のデータに基づく「テスラ保険」 —— 224
証券はレコメンデーションされる —— 226

第2部 2025年を生き抜く処方箋

第1章 5年後に破壊される企業、台頭する企業

サブスクリプション導入は必須ではあるものの……　230
サブスクリプション≠リース　234
サブスクリプションが合わない業界　237
中間業者は淘汰される　240
b8ta シリコンバレー発・小売りを大転換するベンチャー　242
5年後、特に危険な8業界　244
資本があることはもう強みではない　252

大企業がベンチャーに食われないためには？ —— 255

第2章 5年後、あなたの仕事はこう変わる

5年後、必須の5つのスキル —— 260
淘汰される業界にいる人はどうしたらいいか？ —— 265
常に学び「タグ」を増やす —— 266
好きなことだけでも、社会のためだけでもいけない —— 268
ストラクチュアル・ホールになる —— 270
どんな人とつながりをつくるべきか —— 273

おわりに —— 276

第1部

2025年はどうなっているか？

第1章

世界最先端11社の思惑と3つのメガトレンド

グーグル

検索後の世界から「検索前」の世界へ

グーグルが次に我々の生活をどう変えようとしているか。それは自身がこれまでメイン事業としてきた「検索」自体を不要にしてしまうことです。

いま皆さんは自分がほしいモノや情報を求めネットで検索をします。しかし、検索などする前にほしいものが提示されたら、どんなに便利でしょうか。そんな「検索前」の世界に進出しようとしているのが今のグーグルです。

たとえば、毎週金曜日の夕方になると、「レストラン」というキーワードを検索するユーザーがいたとします。そしてその傾向を、グーグルはデータとして持っている。その結果、金曜日の夕方にブラウザを立ち上げると、自動でおすすめのレストランをグーグルが紹介してくれる。

技術的に十分可能なサービスであり、このようなサービスこそ「情報を整理して使えるものにする」という、グーグルのミッションそのものでもあると言えます。

また、グーグルは検索以外にも、数多くの事業を手がけてきました。そしてその多くの事業をM&Aで手に入れてきました。「検索前」の世界に進出できるのも、このような複数の事業の事業のシナジーによるものです。

これまでの買収先は200社以上、投資金額は3兆円以上にもなります。特徴的なのは、成長企業を囲い込むようなかたちで買収してきた点です。

たとえば2006年に買収したユーチューブ。当時、グーグルもユーチューブと似たような動画サービスを内製していましたが、ユーチューブの成長スピードがあまりに早かったため、買収した方が得策だと考えたのでしょう。買収金額は日本円でおよそ2000億円。思惑どおり、その後ユーチューブは爆発的に世界に広がっていきました。

アンドロイドを買収したのもインパクトがありました。iPhone が開発されているとの情報を手に入れたのでしょう。そして、携帯電話市場が拡大するのが見えている中で、このままではアップルに負けてしまうと。そこで、足がかりになる技術・サービスを開発している企業を探し出し、買収したわけです。

初代 iPhone の発売は2007年。グーグルがアンドロイドを買収したのは2005年ですから、先見の明があり、動きも早い。私は2013年から2017年にグーグルに勤務し、ユーチューブ関連のサービスに携わっていたこともあり、このあたりのグーグルのビジネスセンスはまさに肌で感じていました。

検索サービスでも、グーグルは積極的な買収をしかけることで、当時の市場を握っていたヤフーを、3年ほどの後発でしたが追い抜きました。さらには広告出稿サービスのアプライドセマンティクスも買収し、グーグルアドワーズを強化し一気に拡大し、収益化した上で検索市場のシェアを拡大していきます。

グーグルの近年の動向で目立つのは、クラウド、人工知能まわりの技術開発ならびにさらなる積極的な買収です。2013年に買収したイギリスの人工知能開発会社、ディープマインドは代表例です。

さまざまな事業からビッグデータを集められる体制を築いたグーグルが、次にそれを人工知能に読み込ませ、より個人個人の嗜好に合ったサービスを提供していく、そんな思惑が垣間見えます。

また、人工知能周辺では、自動運転領域にも進出。Waymo（ウェイモ）という子会社をつくり、アリゾナ州のフェニックスという都市で、ロボタクシーの実験を進めています。

アマゾン

アレクサ君、屋外へ進出。ついに街全体を食いに来る

街との会話のベースがアレクサになる

「アレクサ、今日の天気を教えて」

今はこうして屋内だけで使用されているアマゾンのＡＩ「アレクサ」。このアレクサならびに、アレクサを搭載したスマートスピーカー、アマゾン・エコーが今後の大きなキーになることは間違いありません。

２０２０年１月、ＣＥＳ（Consumer Electronic Show／世界最大のテクノロジー展示会）で、アマゾンはアレクサとガソリンスタンドを交信するサービスのデモを発表しました。これまで家の中のものとしか交信しなかったアレクサを屋外と交信させたこの発表は、アマゾン家を飛び出して都市との通信に進出することによってデータを取り、ビジネスを広げていこうという意思を示しています。

ガソリンスタンドにアレクサが搭載されていて、「アレクサ、ガソリン代払って」と言うと自動的にアマゾンに登録しているクレジットカードで支払いが済まされる。これから、

たとえば、パーキングの料金などでも「アレクサ、払っておいて」と言ったら同じように自動的に支払われるでしょう。

ある意味、都市との会話のベースがアレクサになる。そんな未来をアマゾンは描いています。

都市との会話のベースがアレクサになるとどうなるでしょう。購買・検索履歴に限らず、アマゾンエコーに話しかけた言葉は、すべてデータとして保存。そのデータを元に、サービスを提供していきます。「この人はこういったものを買っている」という個別のデータがアレクサに蓄積され、最適な商品のレコメンデーションも、無駄のない広告もできるでしょう。

たとえばある人がインド旅行のガイドブックを買う。そうすれば、その人はかなりの確率でインドに旅行に行くと分かるわけです。するとアレクサは「インド行きのおすすめ航空、ホテル、レストランはこれですよ」とあなたが調べる前に提示してきてくれるでしょう。

●アマゾン保険を作り、従来事業とのシナジーを生む

こうしてアマゾンは小売りから全業界を取り込みに動いています。

最近では、ローン、保険といった金融事業への進出がトレンドです。現在は出店者向けに限られていますが、いずれは一般向けにも展開。アマゾンの購入履歴から与信判断を行うサービスを展開すると、私は見ています。

たとえば競馬に関する雑誌ばかり買っている人は、ローン返済に不安を抱えている可能性が高い。逆に、節約術や安全投資的な書籍を購入したり、買い物が規則正しいユーザーには与信を与える、といった具合です。

保険事業では、JPモルガン、ウォーレン・バフェット氏が代表を務めるバークシャー・ハサウェイ、自社3社の従業員に対しすでにサービスを提供しており、今後はこちらも一般に提供していくと考えられます。さらに、エコーバンドという健康情報を取得できるリストバンドも販売を開始し、その情報も保険に活用していくと思われます。

保険では、医療保険、損害保険どちらも手がけていくでしょう。

医療保険であれば現在一律の保険料金を、運動することで病気に罹患《りかん》する確率を下げることができれば、保険料を割引する。このような新しい医療保険を提供していくと見ています。損害保険は、アマゾンで購入した商品の保険を、アマゾン自身が担うものです。

同サービスにおいては、2015年に創業したLemonade（レモネード）というアメリカのベンチャーがまさに同様のサービスを手がけていますから、ベンチマークにしていると思います。

日本の家電量販店も似たようなサービスを行っていますが、アマゾンが提供する損害保険は、精緻です。製品や利用者により異なる故障頻度を、これまでの購買履歴からデータ化し、AIが最適な保険商品を提供すると考えられるからです。

ブレない「顧客ファースト」

アマゾンの動向を見ていると、「顧客ファースト」からブレることなくビジネスを展開してきたことが分かります。アマゾンの出発点はネット書店でしたが、瞬く間に他の商材も扱い、現在では「エブリシングストア」との肩書にふさわしい、多種多様な商品を揃えるECサイトに成長しました。

2003年ごろからは「AWS（アマゾンウェブサービス）」というクラウドを構築。マイクロソフトのAzure（アジュール）、グーグルのGCP（グーグルクラウドプラットフォーム）もまだ普及していない、日本ではクラウドという概念も浸透していなかったころにです。

クラウドを構築したのは、まさに顧客ファーストの視点からでした。サイトの処理をより素早く正確に行いたかったからです。そのため今でこそAWSはクラウドサービスでダントツのシェアを誇りますが、当初はあくまで顧客のことを考えての社内システムでした。しかし、このクラウドがアレクサの開発につながります。

テキストや画像をただ認識するAIとは異なり、スマートスピーカーで人の言葉を理解するには、テクノロジーのハードルが上がります。2つの処理をかけ合わせる必要があるからです。

人が発した音声波形を文字化する処理。文字化された言葉の内容を理解する、自然言語処理を行う処理です。アマゾンエコーのその膨大な処理演算を実現するには、クラウドは必須なアセットなのです。

クラウドと同様、アマゾンは他社に先駆けてスマートスピーカーも発売。先見性に強い企業であると同時に失敗を恐れない姿勢も特徴です。10製品出して半分でも芽が出ればいいという姿勢で新商品を出してきます。しかし、撤退も早いです。日本ではほとんど話題になりませんでしたが、アメリカでは「Fire Phone（ファイアフォン）」という独自の携帯電話を発売して、売れずに約1年で撤退しました。

日本の同業者との違いも補足しておきます。アマゾンは巨大ECプラットフォーマーであると同時に、先進的なテクノロジーカンパニーであり、テクノロジーの幅も量も、日本の企業とはまったく異なります。

アマゾンでは、クラウド、人工知能、自然言語処理といった幅広い技術を、シアトルやシリコンバレーのパロアルトという町にある大規模なオフィスに若手の研究者を大勢集め、日々研究開発しています。

一方、日本で同様の事業を手がける企業のR&D（研究開発所）は、アマゾンのそれと比べると比較にならないほど小規模です。これは、実際に両施設を見ればすぐに分かるかと思います。

アマゾンダッシュは、まさにアマゾンのビジョンの表れ

アマゾンがテクノロジーカンパニーに成長していったのは、創業者、ジェフ・ベゾス氏のキャリアも影響しているでしょう。ベゾス氏自身がもともとエンジニアであり、当然、コード（ソースコード）を書ける。一方で、顧客ファーストやエブリシングストアなど、

経営者としての明確なビジョンも持っていた。そしてそのビジョンを実行する術を、エンジニアだからこそ理解していたのです。その結果、立派な開発センターを構え、かつ、優秀なエンジニアの採用を積極的に行っていきます。

顧客ファーストの観点からアマゾンを見ると、ある特徴に気づきます。オペレーションも含めた、スピード感を特に意識している点です。多くのECサイトは品数の多さ、実店舗であれば訪れることが楽しい、いわゆるエンターテインメント性を意識したり、アピールしがちです。

でもアマゾンは違っています。フォーカスしているのは、いかに短時間で効率よく、ストレスフリーで買い物ができるかどうか。そして素早く届けられるか。そのためサイトの使いやすさはもちろんですが、倉庫でのピッキングや箱への詰め込み作業などにおいても、日々、できるだけ速くなるよう、ブラッシュアップしています。

こうした努力の結果、注文を頼んだ翌日に商品が届くアマゾンプライムなどが生まれているのです。今は行っていませんが、洗剤などの消耗品をボタンワンプッシュで購入完結するアマゾンダッシュなどは、まさにアマゾンのビジョンを具体化した試みと言えます。

余談になりますが、検索エンジンの世界でも同じような状況が見られます。ヤフーとグーグルです。ヤフーはできるだけ自分のサイトに長居してもらいたい。そのためトップ画面に膨大な情報を盛り込み、広告も多く表示しています。

一方グーグルはアマゾンと同じく、最短で知りたい情報にアクセスしてもらいたい。そのためトップページは驚くほどシンプルで、広告も一切ありません。

アマゾンエコーというインターフェイスとアマゾン保険（ローン）。アマゾンで注目しておくべきトレンドは、この2つだけではなく、ドローン宅配や自動配達車などさらに控えています。

フェイスブック

2万km離れた人と目の前で会話ができる世界へ

フェイスブックのビジョンは、マーク・ザッカーバーグ氏がハーバード大学在学中に同社を創業したときから一貫して変わっていません。「人同士のコネクションにフォーカスする」です。今後も地球の反対側の人ともつながることができる世界をつくるでしょう。

その証しに、２０１９年「Horizon（ホライズン）」というサービスを発表しました。

ホライズンはネット上の仮想空間で「アバター」と呼ばれる自らの分身を通じて他の参加者と交流できます。

また、最近は人同士のコネクションに注力しながらも、生活のすべての基点がフェイスブックで行われるようになる。いわゆるスーパーアプリになることをベンチマークとしています。

中国のスーパーアプリ企業、東南アジア版ウーバーGrab（グラブ）やTencent（テンセント）が開発した中国版ＬＩＮＥ「WeChat（ウィーチャット）」の動向に気を配っているのはその証しですし、ブロックチェーン技術を活用し開発したフェイスブック独自の硬貨、リブラを広めようとしているのも、構想の表れでしょう。

ビジョンに重ねれば、銀行口座を持っていない人同士のお金の送金を可能にする。つまり、つながりを作りたいとの想いも込められているのです。

リブラは現在、新型コロナウイルスの影響や政府、銀行といった既得権益者からの反対で頓挫している状況ですが、この先どのような動きを見せるか、注目しています。

フェイスブックもグーグルと同様、SNSとしては後発でしたが、積極的な買収で大きく成長していきました。そこには、ザッカーバーグ氏が後発の新サービスを非常に警戒していることが分かります。SNSがいかに水物ビジネスであるかを、理解していたことです。同業界は、非常にゲームチェンジが起きやすい。日本でいうとミクシィやグリーのような事例です。

人は同質性を好む習性があります。特に若い人たちは上の世代が大勢いる、以前からあるSNSを好みません。その結果、ミクシィやグリーはLINEやフェイスブックにユーザーを奪われていきました。

同じ現象がアメリカでも起きていました。フェイスブックユーザーの年齢層の中年化です。その結果、若い人たちはフェイスブックは自分の親の世代が多く、長めの投稿をアップしているイケてないSNSだと捉えるようになり新しいサービスの「Snapchat（スナップチャット）」やインスタグラム、TikTokに流れていきました。

ザッカーバーグ氏は、若いユーザーを囲い込むために動きます。2012年にインスタグラムを約810億円で買収。当時、インスタグラムの従業員は13名、日本では利用者はほぼいない状況でしたから、いかに早い動きであったかは明白です。その後のユーザーの伸び数を見ている限り重要なＭ＆Ａでした。

フェイスブックはその後も買収を続け、最近はメッセンジャー機能に注力しています。２０１４年に創業来最も高額の約２兆円という額で、ヨーロッパ最大手のメッセージアプリWhatsApp（ワッツアップ）を買収しました。

WhatsAppはＬＩＮＥのようなメッセージアプリのため、日本で使っている人はほとんどいませんが、ＬＩＮＥのないアメリカやヨーロッパではスタンダードであり、英語圏の利用者は10億人以上。この10億人の利用者を、フェイスブックに囲い込む狙いがありました。

私はふだんアメリカで暮らしていますので、日常的にWhatsAppを使っています。フェイスブックのメッセンジャー機能と似ている部分もありますが、フェイスブックアカウントを持っていない人でも使えること。利用者がダントツに多いことなどから、特にグループチャットをする際に使っています。

買収により新たなユーザー層の獲得を繰り返した結果、フェイスブックの利用者は世界で26億人に増えました。しかし今後もビジョンを実現するために、買収も含めサービスをより一層展開していくでしょう。

「フェイスブックシークレットクラッシュ」という機能はその一つです。面識はないけれど相性がいいと思われる人同士をつなげるサービスで、いわば未来の恋人探しができます。実験的なサービスを数多く出し、うまくいかなそうなものは早めにサービスを停止する同社の精神「Done is better than perfect（完璧を目指すよりはまず終わらせろ）」は大企業になっても続けられていることは驚異的です。

アップル

視覚から聴覚、嗅覚へ。人間の五感すべてを占拠

●すべてはiPhoneへの囲い込みのため

日本ではまだ正式には発行されていませんが、アメリカでは2019年の3月に、アップルがクレジットカード「Apple Card（アップルカード）」を発表し、金融事業に参入しました。

マスターカードと連携しているので、クレジットカードとして利用できるのはもちろん、アップルカードならではのサービスや便利機能が多く盛り込まれており、私も早速使って

いますが、とても便利。これから大いに広がると感じています。

まず便利なのは、アップルペイとの連携機能です。通常アップルペイを利用した際の値引率は1％ですが、アップルカードをiPhoneに内蔵したチップを経由して使えば値引率が2％に。さらにアップルと提携している企業、例えば、ウーバーの利用時に使えば3％引きに。同じく、アップル製品の購入利用でも3％の値引きとなります。

iPhoneのアプリ、ウォレットとも連携します。アップルカードの利用履歴が会計アプリを使うことなく、自動で統合。しかも一般的な会計アプリとは異なり、ウォレットは、食事代、交通費など、利用用途により色分け表示されますから、直感的に何にお金を使ったのかが分かりやすくなっています。

そしてさすがはデザイン力に長けたアップル。一般的なクレジットカードとは異なり、クールでスタイリッシュなカードに仕上がっています。カード番号は記載されていませんし、素材はチタン製で、高級感もあります。そしてこれはさすがに驚きましたが、カード会社のロゴまでアップルのデザインに合う仕様になっています。

金融業務においては、同分野でノウハウを持ち、シェアを拡大したいゴールドマン・サ

アップルカード

ックスが協力しています。ゴールドマン・サックスはトレンドに敏感で、最近はテクノロジーカンパニーが金融サービスに進出する際の請負人として、黒子に徹しながら粛々とビジネスを手がけています。

ところでなぜ、ハードウェアカンパニーとの印象が強いアップルが、金融サービスに参入したのか。そのことを紐解いていくと、アップルの今後の戦略が明確に浮かび上がってきます。iPhoneへの囲い込みです。

アップルはもともと、パソコンを開発しているハードウェアカンパニーでした。それがiPhoneの登場により、iPhoneを中心とした会社にがらりと変わりました。実際、現在のアップルの利益の半分以上は

iPhone関連です。

iPhoneの登場でアップルの時価総額は一時期200兆円を超えました。しかしここにきて、成長が鈍化しています。OPPO（オッポ）やHUAWEI（ファーウェイ）といった中国企業の台頭です。彼らはiPhoneの半額程度の価格で高性能スマートフォンを販売、中国人ユーザーはiPhoneから乗り換える動きが見られます。

そこでつなぎ止めるために役立つのがアップルカードです。しかもアップルらしい、他の企業にはないクールで洗練されたカードに仕上げました。そしてこのデザイン力というブランディングこそ、アップルの強みでもあります。これは私の推測ですが、アップルは製品を開発する際、単なるデバイスとしてではなく、所有すること、使うことで利用者の生活が豊かになるのを実感する。このようなビジョンを持ち、開発に臨んでいると感じています。

アップルシリコン誕生

中でも最近注力しているのが、人の五感に関するデバイスです。ワイヤレスイヤホン「AirPods（エアポッズ）」は耳を。2021年内にも発表されるというAR（Augmented

Reality：拡張現実）メガネ「Apple Glass（アップルグラス）」は目を。この流れを見ていればおそらく嗅覚に関するデバイスが出てきてもおかしくないでしょう。

デバイス開発では、これまで外部調達していた半導体などを、今後3年間かけて内製化していくことが、アップルの開発者向けイベント「ＷＷＤＣ（アップルワールドワイドデベロッパーズ カンファレンス）２０２０」で発表されました。

部品、特に半導体の内製化の動きは、昨今のトレンドでもあります。グーグルでは人工知能の精度を上げるために「ＴＰＵ（Tensor Processing Unit）」というオリジナルのチップを開発。半導体大手のエヌビディアも、自動運転に使うチップを独自に開発するといった動きがあります。

内製化といってもすべての部品をアップルが作るわけではありません。これまでどおり、iPhone の中身は日本製のような、外部の協力会社とも連携していくことでしょう。ただ不可欠なパーツそのものはアップルシリコン（半導体）になりますから、今後はアップルシリコンを他社に供給する動きやパートナーシップビジネスも十分考えられます。

iPhone に囲い込む戦略は、他の動きからも読み取れます。これもＷＷＤＣと秋のイベントで発表されたサービスですが、今後はアップルウォッチを活用することで、定額制まとめサービス「アップルワン」でのフィットネスの提供や人の睡眠を分析するようなアプリケーションの開発、改善サービスを提供していくそうです。

新型コロナウイルスの影響もあり、ヘルスケア領域が現在トレンドであることも、アップルが同分野に注力していく一つの要因でしょう。

ただグーグルなどと比べると、アップルはクラウド、人工知能領域で比較優位性を持っているわけではありません。ただ弱いままではグーグルやアマゾンがますます先行していきますから、iPhoneでの利益が潤沢なうちに手を打っておこう、そのような戦略が窺えます。

新しく打ち出したサービスをきっかけに、利益率50％以上もあるiPhoneユーザーが1人でも増えれば、アップルとしては十分利益になるわけです。そして次第にサービスカンパニーとしても存在感を出していきたい。このような戦略を描いていると、私は見ています。

スマートスピーカーを販売したのは、まさに戦略の証しと言えます。現時点ではアマゾン、グーグルのスマートスピーカーと比べると音質を除き劣っていますが、いずれは同分野でもユーザーの心を摑みたい。そのように、考えているはずです。「Apple TV+（アップルTVプラス）」という動画サービスも、まさにこのような戦略の一つだと考えられます。

現在台頭している企業の多くはソフトウェアカンパニーです。そのためハードウェアエンジニアは、会社でのポジションが主役ではないため、心地よく思っていない人も大勢いると思います。

それがアップルに来れば、まるで神様のように扱われる。サービス会社ではあるけれども、ハードウェアカンパニーとしての矜持《きょうじ》を持っている。そのような特徴が、アップルの強みなのです。

ネットフリックス

2億人以上の嗜好に合わせた映像を届ける

●映画やドラマはリアルタイムにストーリーが変わる時代へ

この5年でネットフリックスが強化してくるであろう動向として特に注目している仕組みがあります。ネットフリックスが手がけている、一人ひとりの視聴者や個々の属性や嗜好にマッチした、動画の配信です。

ネットフリックスが他の動画サービスより支持されているのは、豊富な映像コンテンツだけでなく、オリジナル番組が充実しているからですが、同時にどのように届けるかということに非常にこだわりがあります。何万本とある動画の中で、自分から探すこと以上に、最適化されたアルゴリズムから推薦されて初めて発見する動画も多くあるわけです。

ネットフリックスを利用されている方であればお分かりかと思いますが、最初に出てくるトップ画面、ここからすでに、利用者によって異なります。年齢、好み、これまでの視聴履歴などを元に、いま観たい番組を、ソムリエのように一人ひとりにチョイスしているからです。

説明文の内容やサウンドに関しても、利用者一人ひとりに最適なものにチョイスされています。アマゾンプライムビデオもレコメンデーション機能はありますが、ネットフリックスのものは、比較にならないほど作り込まれています。

２０２５年の未来では、その最適化はさらに高まり、視聴中の巻き戻しや、一時停止の行動もデータ化してどのシーンが特に反応が良かったかを人工知能の画像解析を通じて、たとえばどの俳優のシーンが良かったのかなどをデータ化することができます。

さらに発展型だと視聴者一人ひとりによりエンディングはもちろん、シナリオが異なる動画が配信されることもできるでしょう。

仕組みはこうです。ベースとなる動画は、これまでどおり役者さんに演技をしてもらい、撮影します。その動画を観ていた視聴者の表情などを、カメラや音声などのセンサーで集め、解析。

どこで泣いたのか、どのシーンで笑ったのか、逆につまらなそうな表情をしていたシーンはどこなのか。人工知能が人の喜怒哀楽、表情を分析し、その人が最も感動するであろうシナリオをつなげていきます。

当然、シナリオは視聴者ごとにより異なります。１００万人の視聴者がいたら、１００万通りのストーリーがある。そんな未来が可能な時代になります。

テクノロジー的にどこまで人工知能で対応するかは分かりませんが、人間の動きや顔の表情をコンピュータグラフィックスで再現することは現在の技術で十分可能ですし、今後、動画を観るインターフェイスはモバイルが主になっていきますから、それほど緻密な精度も求められないでしょう。

このような未来が実現すれば、人の会話やコミュニケーションも変わっていきます。「きのう○○観た?」ではなく「○○のエンディング、どうだった」と。ストーリーの違いがコミュニケーションの中心になっていきます。

役者さんの仕事も減るかもしれません。役者さんはベースとなる最初の演技、もしくは音声を吹き込むことが仕事になるからです。新しいシナリオを加工する際に役者さんにギャラを支払う。ライセンスビジネスのような形態になっていくことも考えられます。

アマゾンプライムビデオとネットフリックスの立場の違い

日本ではアマゾンプライムビデオやHulu(フールー)、その他いくつものストリーミングサービスがありますが、アメリカでは圧倒的にネットフリックスの一人勝ちです。アメリカ人からすれば、アマゾンプライムビデオはアマゾンプライムのおまけのような感覚です。

理由はいくつかありますが、まず、ネットフリックスは映像の質が他とは比較にならないほどこだわりがあることです。特に支持されているのが、オリジナル番組の制作です。アマゾンプライムビデオもオリジナル番組を作ってはいますが、ネットフリックスの大ヒット作品『House of Cards』ほどに話題になっていません。Huluはそもそものコンセプトがテレビ番組を配信するものであり、ケーブルテレビと協力しながらサービスの提供を進めていきましたから、ネットフリックスとは考え方がまったく異なります。

ユーザーの好みに合わせて番組を作るとの考えは、各国で映像配信する際にも徹底されています。アメリカで評価の高かった映像をそのまま配信するのではなく、各国のテレビ局や映像制作会社と組み、それぞれの国で受ける映像をしっかりと把握。その上でオリジナルの番組を制作していきます。日本であればフジテレビと協力して制作した『テラスハウス』がいい例です。

ネットフリックスの現在の時価総額は約20兆円。ディズニーとほぼ同じ額ですが、ディズニーはテーマパークなどの運営も含めての額ですから、ネットフリックスがいかにすごいかが、お分かりいただけるかと思います。

現時点ではこれまでどおり、映像制作会社として徹底的にユーザーファーストを意識した作品を作り上げていくことは間違いないでしょう。ただそこから先。ディズニーのようなエンターテインメントサービスに進出するのか。あるいはキャラクタービジネスを手がけるのか。

テーマパークから始まり、アニメーションに進出したディズニーとどのような戦い方をするのか、私はこの2社の動向に注目しています。

ネットフリックスの動向で注目している点がもう一つあります。5Gによるデータ活用です。データ活用はこれまでも行ってきましたが、今後は扱えるデータ量が膨大になります。その結果、どのような映像が作られていくのか。

ネットフリックスは今後、日本でもさらに存在感を出していくでしょう。すでに、その傾向が見られます。若い人たちはテレビではなくスマートフォンで映像を観るからです。

5G関連のトレンドをいち早くキャッチした日本企業があります。KDDIです。KDDIは真っ先にネットフリックスに声をかけ、ネットフリックスの番組をauで観るためのパケット代金定額サービスを発表しています。

マイクロソフト

スマートシティのOSの覇者になる

マイクロソフト365に代表されるように、B to B、法人向けビジネスの王者として、マイクロソフトはこれまで長きにわたり君臨してきました。そしてこれからもビジネスのやり方は変わらないでしょう。アマゾンやグーグルといったライバルがB to C向けのサービスに注力しているからです。

注目しているのは、都市OSの獲得を狙っていることです。

クラウド化が民間では当たり前になっています。国や自治体のシステムにおいても同様で、以前は自前の設備で構築していたシステムを、クラウド化しようとの動きがあります。実際、日本政府の一部のシステムは、アマゾンが担うことが決定。今秋にも、デジタル庁準備室設置などクラウドシステム化に向けた動きが活発化するでしょう。

公共機関システムの受注において、アマゾンとマイクロソフトはライバル関係にあります。日本のシステムはアマゾンに決まりましたが、アメリカ政府（アメリカ防総省）のクラウドシステムでは、当初はアマゾンが優勢でしたが、結果はマイクロソフトが受注。入札で勝ち取りました。

トランプ大統領とベゾス氏の仲が悪いのが理由とも言われていますが、政府の基幹システムを受注することは、金額的にもちろん、かなりのインパクトがあります。そして次に狙っているのは、ライバルがすでに参入している日本のマーケットです。

クラウドシステムの受注はOSに限らず、システムの稼働に必要なさまざまなアプリケーションもまとめて受注しますから、かなりのビッグビジネスになります。いわゆるスマートシティにつながるわけですが、そのスマートシティのOSの覇者を、マイクロソフトは虎視眈々と狙っているのです。

アマゾン対マイクロソフトに限らず、もともとシステムを手がけていた日本のシステム会社も含め、裏では激しい攻防戦が繰り広げられていることでしょう。ただ残念ですが、請負意識の強い日本のシステム会社の中で、クラウドや人工知能が強くないところが受注し、競争力が劇的に強まることは、ほぼないと考えています。

最近は業績が好調なマイクロソフトですが、一時期は凋落したこともありました。2代目社長のスティーブ・バルマー氏が、トレンドを読み間違えたからです。創業者であるビル・ゲイツ氏とハーバードで同級生であったバルマー氏ですが、彼の専門はテクノロジーではなく、ビジネス。そのためテクノロジーの未来を予測することができませんでした。

バルマー氏は大きく2つのミスをしました。一つは、グーグルドキュメントやオープンオフィスなど、他のライバル企業がクラウドを活用するなどして無料サービスを提供していく中、Officeをパッケージで消費者に買ってもらうビジネスモデルに執着したことです。

モバイル対応も遅れました。当初バルマー氏は、iPhoneやアンドロイド端末にはマイクロソフトのアプリは絶対に搭載しない。パソコンでしか動かさない。そのようなスタンスでした。しかし世の中の流れは完全にモバイルにシフト。クラウドも台頭し、パソコンとモバイルでアカウントやドキュメントが共有するのが、当たり前の世の中になっていきました。

マイクロソフトも慌ててWindowsを搭載した携帯端末を出しましたが、時すでに遅し。利用者はマイクロソフトから離れてしまった後でした。

このような窮状を救ったのが、現CEOのサティア・ナデラ氏です。ナデラ氏はバルマー氏の方針を刷新。BtoBビジネスの王者との肩書に固執することなく、モバイルにもパソコンにも、法人にもエンドユーザーにも誰にでも、どこでも使えるオープンなデバイスやソフトウェアを提供する体制に経営をシフトします。

ナデラ氏の手腕の象徴ともいえるのが、サブスクリプションサービスの導入です。それまでワンパッケージ10万円ほどで販売していたソフトウェアを、単年ごと1万円ほどの契約にシフト。コンシューマが払う金額はトータル的には以前とさほど変わりませんが、ソフトウェアは最新の機能が備わっていますから、支持されていきます。

次第にマイクロソフトは信頼を獲得し、気づけば株価は10倍に。時価総額も100兆円を超えるまでに業績が回復しました。

独占の帝国からオープンイノベーションにシフトしたマイクロソフトの動きは、他のサービスでも見られます。「Xbox（エックスボックス）」というゲーム機を独自開発していますが、人気ゲームのマインクラフトやフォールアウトの制作会社を買収したり、近年はソニーと提携しています。「Surface（サーフェス）」というオリジナルパソコンも開発。冒頭の近未来小説で登場したホロレンズの開発も手がけていて、アンドロイドを搭載した2画面スマートフォンも9月から発売されました。

できることには何にでも手を出す。このような経営はeコマースサービスを基軸としながらも、ソフトウェアサービスも手がけたいと考えるアマゾンと同じような経営方針とも言えます。

マイクロソフトは価値あるソフトウェアを持っていると思っています。その価値あるソフトウェアがモバイルなどあらゆるデバイスに広がり、暮らしが便利になる。そのような未来を過去の成功体験にとらわれず、自己否定をしながら追求し続けるところは日本企業にも大きな示唆があります。

テスラ

東京・大阪間を時速1000kmのリニアでつなぐ⁉

●電車の2倍速く、40%安いロボタクシーも広める

テスラのトップ、イーロン・マスク氏の次なる一手として注目なのが、ハイパーループ構想です。カリフォルニアで走っているスピードの遅い鉄道を、新幹線に変えようとのプロジェクトがあるのですが、せっかく変えるのであれば、より速いリニアモーターカーにしようというものです。

驚くのはリニアのスピードです。現在のリニアモーターカーの最高時速５００kmのおよそ倍、航空機と変わらない１０００kmものスピードの鉄道を実現しようとしています。スピードが出る秘密は、トンネルの構造です。従来のトンネルとは異なり、真空チューブのような構造にすることで空気抵抗を減らし、スピードを高めようとしているようです。すでに試験走行も開始しています。

ハイパーループが日本で実現し、ドル箱路線と言われている東京・大阪間に設置したら、日本の鉄道会社が大打撃を受けるでしょう。

ハイパーループを別にしても、鉄道の未来も大きく変わります。

「はじめに」で登場したロボタクシーも近未来に普及させるからです。これが広まれば、鉄道の需要は一気に激減するでしょう。考えてみれば当然です。浦安から六本木の距離であれば、電車なら約45分、料金は３５０円ですが、ロボタクシーを使えば25分で２１０円ほどになってしまうからです。駅に行く手間もなくなり、運賃も安くなる。エンドツーエンドで、自動で好きなところに連れていってくれる。自動運転専用レーンなどで渋滞がなければどう考えても、鉄道よりロボタクシーの方が便利です。

●「テスラは電気自動車を販売しているだけの会社」ではない

テスラは電気自動車を販売している会社。

テスラに対しこのようなイメージを持つ人が多いと思いますが、正確ではありません。電気自動車はあくまで手段であり、テスラ、正確には代表であるマスク氏が掲げているミッションは、エネルギー問題、大気汚染の解決や地球温暖化の防止など、環境問題の解決だからです。

電気自動車が世の中のトレンドだから我が社も売り出そう。ビジネスの観点で電気自動車を販売している他の自動車メーカーとは、そもそも根本の考えが違っているのです。

実際、ビジョンの実現に向けて他の事業も進めています。最近注目しているのは「Powerwall（パワーウォール）」事業です。同事業は日本でも2020年から始まりますが、ソーラーパネルの設置ならびに充電などのサービスを、サブスクリプションで行うものです。初期費用は無料で、月額5000円。毎月平均して6000円ほどの電気が発電されるとのことで、利用者は1000円得するというものです。

当然、発電した電気をテスラの車両に充電することで、先のエネルギー問題の解決を成

ボーリングカンパニー

し遂げたい。そのような考えがあっての事業です。

渋滞中に発生する二酸化炭素やエネルギーロスに対する取り組みも始まっています。これはかなりユニークと言いますか、マスク氏ならではのアイデアですが、渋滞を解消するために、地下にトンネルを掘ってしまおうというものです。

彼が暮らすロサンゼルスは特に渋滞が激しいエリアであることも影響しているのでしょう。すでに計画は進んでおり、ロサンゼルスと別の地点を結ぶトンネルがほぼ完成。トンネル内には自動車が通行できるよう整備され、ドライバーはエレベーターのような装置で地上から地下に降り、あとは特に何もすることなく、自動運転で目的地までスーッと移動します。

このトンネルのおかげで、これまで1時間かかっていたのが10分ほどで行けるようになるそうですから、エネルギーロスはかなり削減されます。同事業はボーリングカンパニーといい、テスラの車両が実際にトンネル内を通行する様子がユーチューブでも観られますので、ご興味がある方はご覧ください。

イーロン・マスクの存在が強み

テスラの強みは、トップのマスク氏に尽きます。彼はサイエンスやテクノロジーに詳しいため、どのような属性のエンジニアを採用すれば事業が実現するのかを、正しく理解しています。

実際、彼の元にはＮＡＳＡなど国の機関で働いていた超優秀な人材が、続々と入社しています。そして実力やガッツがある者には、年齢関係なくそれなりのポジションを与える。実際、テスラの現ＣＦＯ（最高財務責任者）は35歳の若さです。

ソフトバンクグループの孫正義氏のように、トップダウンでビジネスが進むのも、テスラの特徴です。

モデル3

テスラはもともと、マスク氏が設立した会社ではありません。「PayPal（ペイパル）」という金融サービスで得た利益ならびに、彼の経営手腕が注目され頼まれたのがきっかけです。

ハードウェアビジネスは、計画・製造から実際に製品が売れ、キャッシュが入ってくるまでかなりの時間を要します。そのため資金が乏しくなりがちです。実際、彼がPayPalで得た1００億円も次第に枯渇していきました。

そこで工場の自動化ならびに、当時1０００万円ほどの価格だった車種に、５００万円のモデルを加えることを計画。キャッシュを稼ぐ戦略を行います。ところが工場の自動化がうまくいきませんでした。しかし彼は諦めず工場に泊まり込み、寝る間も惜しんで何とか人力で新しいモデルを作り上げたのです。こうして完成したモデル3をきっかけに、テスラは急成長していきます。

彼の動向を見ていると、お客様志向というよりは、自分なりのビジョンや主義があり、その実現に対しこれまで培ったサイエンスなどを活用し、何がなんでも実現させる。そのような強い信念が感じられます。

地球の人口が増えすぎるから、火星に移住する。そのためにはロケットが必要だ。だからスペースXという企業も手がける、といった具合です。そしてもちろんそのロケットにも、テスラ同様自動運転技術が導入されています。

モビリティとしても最高

テスラは私も乗っていて、車種は先ほども紹介したモデル3です。そしてこのモデル3が、いま爆発的に売れています。

売れている理由にはいくつかありますが、車のコンセプト、プロモーションの巧みさだと感じています。これまでの電気自動車は、どうしても環境に優しい、との点が強調されていました。もちろんテスラの電気自動車もそうなのですが、エコに加え、スピード、かっこよさをテスラは意識しています。

実際、実物を見たり乗ったりすると分かりますが、まず、見た目がクール。いわゆるスポーツカーのようなデザインです。そして、速い。特に加速に関してはアクセルを踏み込むと、ガソリン車とは比較にならない勢いで飛び出していきます。

かっこよくて、速くて、環境にも優しい。それでいて500万円程度で購入できる。このようなコンセプトが受け、それまではBMWやメルセデスといった高級輸入車に乗っていた意識の高い若者が、こぞってテスラのモデル3に乗り換えるようになりました。まるでプリウスが出始めたころのような状況が、アメリカでは起きているのです。

プリウスのときと同じく、ハリウッドのセレブがこぞってテスラに乗り換えていることも、人気をさらに押し上げている要因の一つです。そのため広告は一切打っていないのですが（これも販売戦略の一貫だと思われます）、現在、注文してから納品までは数カ月という状況です。

納品まで長いため、私はテスラの他にもう1台購入しました。ガソリン車です。そのため両者の違いがよく分かります。ガソリン車にはもう乗りたくない。そう思わせるほど、テスラは快適です。また、カリフォルニア州では2035年からガソリン車の新車販売を禁止する方針が既に出ています。

特に便利なのが半自動運転機能です。ガソリン車にも備わっていますが、精度がまったく異なります。ガソリン車の半自動運転機能は、どこか違和感があるというか、レーンからはみ出すことはありませんが、スムーズではないのです。

一方、テスラの半自動運転はまるで人が運転しているかのようにスムーズです。これはハンドル操作に限らず、アクセルやブレーキの操作でも同じです。そのためテスラであれば、高速道路に入り半自動運転を設定。あとは何もすることなく、それでいて快適に高速道路を降りるまでの運転をほぼ代行してくれます。

なぜ、ここまで違うのか。車を開発するそもそもの発想が、テスラと旧来の自動車メーカーでは異なるからです。これまで自動車メーカーは、車両にコンピュータを載せることで自動化などの機能を備えていきました。

ところがテスラは真逆です。コンピュータに車輪をつけているとの考えだからです。このような考えですから、ソフトウェアの処理が抜群に優れているのです。運転席まわりもメーター類はなく、あるのはタッチパネルだけ。無駄な装備が一切なく、このあたりはアップルのデバイスに近いです。

グーグルの元会長、エリック・シュミット氏が興味深い発言をしています。「車とコンピュータは出てくる順番を間違えた。どう考えても正解は、コンピュータに車輪をつけることだ」と。実際、油圧などの機械的な機構ではなくソフトウェアでブレーキの制御などを行っているから、テスラの乗り心地はスムーズなのです。

車体が大きいこと、短い時間での乗車が多いこと、自動運転の魅力が伝わらないこと。このような理由からか、現時点では日本ではそれほど走っていないようですが、今後どのような状況になるのか、注目しています。

インポッシブル・フーズ

「ベジタリアンだって肉の食感がほしい！」を実現

食業界に大革命を起こすのではないかと注目しているのが、インポッシブル・フーズです。アメリカではお肉を食べない、お肉がダメなベジタリアンがかなり多く、レストランにもベジタリアン向けのメニューが当たり前に用意されています。

ベジタリアンがお肉を食べない最大の理由は、動物を殺すことに抵抗があるからです。

一方で、お肉の食感を楽しみたいとの願望もある。そこで、まるで本物のお肉のような食感や味わいが楽しめる、代替肉が注目されています。インポッシブル・フーズは、この代替肉を製造しているベンチャーです。

原材料は大豆です。ただ実際に食べてみると分かりますが、牛肉のような食感が楽しめます。ふつうにおいしいですし、牛肉に比べ価格も安い。牛を育てている最中に発生する地球温暖化の原因の一つとされるメタンガスも発生しません。エコな商品でもあるわけです。

価格が安いのは、牛肉に比べ製造コストが圧倒的に低いからです。牛肉であれば子牛から育てて最低でも3年は出荷するのにかかります。一方、インポッシブル・フーズのお肉は大豆ですから、原材料さえあれば工場で短時間で作れてしまう。もちろん大豆を生産する時間もありますが、牛を育てるのと比べたら、はるかに短い時間です。

有害な化学調味料も入っておらず、栄養価もあります。そのため今アメリカではこの代替肉が大変人気で、インポッシブル・フーズ以外にも、ビヨンドミートという同業者も存在、ビヨンドミートはすでに上場済みで、時価総額は1兆円に迫る勢いです。

インポッシブル・フーズも時価総額約5000億円のユニコーン企業で、市場からの評価も高いです。

今後の動向としては、他の代替肉を展開していくでしょう。すでにインポッシブルポークは製造しており、とんかつのような商品も発表しています。この流れが進み、インポッシブルチキン、インポッシブルツナなども開発されていくと私は見ています。

インポッシブル・フーズの成長に伴い、精肉業界、牛や豚の生産者、漁業関係者の仕事は破壊されていきます。さらに言えば、食の流通を生業としている企業にも大きな影響を与えます。つまりインポッシブル・フーズが、これからの食業界全体の大革命の基点になるのです。

お肉や魚以外にも、インポッシブル・フーズのような動きがあります。ワインやウイスキーです。中でも私が注目しているのはGlyph（グリフ）というベンチャーです。ワインやウイスキーには熟成期間があり、長く寝かせることで味わい深くなっていきます。この熟成期間をテクノロジーの力で解決しようとチャレンジしています。

実際に私も飲んでみましたが、現時点ではあまり美味しくない、というのが正直な感想です。ただインポッシブル・フーズも出始めのころは、今ほどはおいしくはありませんんでした。
ですからグリフもインポッシブル・フーズのように、30年もののウイスキーをわずか30分で製造する。数年後には、このような会社に化けているかもしれません。だからなのでしょう、サントリーが一時期グリフを買収しようとしていたといった動きもありました。

ロビンフッド

証券業界初の「売買手数料0」で投資が当たり前の世界をつくる

●業界を180度変えたフィンテック界きってのユニコーン企業

ロビンフッドは、スタンフォード大学でともに数学を専攻していたブルガリア系移民2世のウラジミール・テネフ氏とインド系移民2世バイジュ・バット氏が2013年に立ち上げたネット系証券会社です。会社名と同名のアプリを使って投資をすることができます。「フィンテック界きってのユニコーン企業」との呼び声の高い同社ですが、ロビンフッドがすごいのは当時としては異例だった「売買手数料無料」を打ち出したことです。それにより、これまではすでに、ある程度の資産を持つ富裕層が主だった証券投資に資産や投資経験のない10代、20代を呼び込んだ点が革新的でした。

ゲームをやっているような感覚や操作で、トレードができるのも特徴的で、無料で楽しめるスマホゲームをやっているような感覚に近いです。また、無料にもかかわらず、利用者にテスラの株を1株プレゼント（当時のレートで約3万円）といったキャンペーンを展開するなどして、爆発的に利用者を拡大しています。

その革新性は業界を180度変えてしまいます。ロビンフッドの急激な成長に危機を感じ、2019年10月にはアメリカネット証券最大手のチャールズ・シュワブが手数料無料化を発表。その他のネット証券のEトレード、インタラクティブ・ブローカーズ証券、TDアメリトレードなども追随するかたちで手数料無料化に踏み込みました。

たった1社のたった1つのイノベーションが業界全体の常識を変え、人々の生活まで激変させてしまったのです。現にアメリカでは今、若い世代でロビンフッドを使ってある種ゲームのように資産を増やすことがブームとなっています。このブームは今後5年で日本にもやってくるでしょう。

また、これまでの証券取引は、リアルな証券会社もしくはインターネット証券会社で行われていました。インターネットの取引は対面に比べるとかなり便利ですが、それでも登録する際には契約・申込書の記載ならびに郵送するなど、多くの手間があります。

ロビンフッドは、このような煩雑な手続きをなくしました。スマートフォン上ですべての手続きだけでなく、サービス開始後の実際のトレードの決済までも完結します。

開発段階からスマホ専用のサービスでしたから、他のインターネット証券会社が提供している同様のスマホアプリとは、使い勝手においても雲泥の差があります。実際に利用してもらうのが一番分かりやすいですが、UI（ユーザーインターフェイス）が洗練されています。ボタン操作がスムーズで分かりやすく、繰り返しになりますが、まさにゲーム感覚で投資を進めることができます。

暗号資産（仮想通貨）の取引も行えるので、新しいものが好きな人からも支持されています。暗号資産においても他のトレードと同様、スマホ内ですべてのやり取りが完結します。

どんなビジネスモデルで利益を出しているか？

基本的には無料となっており、細かなサービスを利用しない限り課金されることはありません。有料会員は10％ほどですが、広告もそれほど打っていません。どこで利益を出しているのか。利用者はなぜ無料で使えるのか。

それは、トレードのアロケーションです。

アロケーションとは、金融用語で割り当て、配分を意味する用語です。

たとえば、私がテスラの株をロビンフッド上で購入しようとします。すると、一般的な証券会社であれば東京証券取引所のような大きな市場で買います。ところがロビンフッドの場合はそうではありません。モルガン・スタンレー証券から買うのか、あるいはゴールドマン・サックスから買うのか。そういった証券会社に対して、「あなたの会社から買うよう割り振るから、その分フィー（リベート）を頂戴しますよ」と証券会社からフィーを取っています。このようなビジネスモデルです。

すでにデビットカードを発行していることもあり、今後は総合的な資産運用会社になる可能性が高いと見ています。特にアメリカ人は現金をほとんど使いませんから、ロビンフッドに登録しておけば、銀行口座を作る必要もないし、買い物もできる。そのようなサービスを拡充すべく、決済会社などを買収するか、あるいは一から自分たちで内製するだろうと、私は見ています。

同様のサービスがない日本には、いつ来てもおかしくないでしょう。そして日本でサービスを開始したらアメリカと同じく、需要があると思います。日本の大手証券会社は同様のサービスを展開したら、自分たちの既存事業と競合してしまうことになってしまうので、ためらうと思うからです。

ウェルスナビやテオなどのロボットアドバイザー投資は運用の自動化をしていますが、運用手数料は発生するためロビンフッドとは無料という点で異なっています。日本でロビンフッドがどのような展開をするか、注目しています。

クラウドストライク

〝1億総テレワーク社会〟のトリガーになる

●全企業が在宅勤務を実現できる時代へ

コロナで自粛が求められた際、果たしてどれだけの企業が在宅勤務できたでしょうか。設備の整った大企業であればまだしも、多くの企業ではVPNやアンチウイルスソフトなどセキュリティ面が揃っておらず、結局社員はオフィスに出社せざるを得なかったのが現実です。

このようなセキュリティ面でのネックを丸ごと解消してしまうのがクラウドストライクです。クラウドストライクを導入すれば、どんな企業でも安心して社員にPC持ち出しをさせることができる。そうなれば、〝1億総テレワーク社会〟も実現するでしょう。

VPNやアンチウイルスソフトといった、いわゆるファイヤーウォール。インターネット上に防火壁のような境界を設定してセキュリティを担保するのが、これまでのセキュリティ業界の常識でした。

しかしリモートワークが一般化しつつあり、以前と比べるとパソコンに限らず、スマートフォンやIoT機器など、はるかに多くのデバイスがインターネットにつながるようになった今では、ファイヤーウォール的なセキュリティ対策では、通じなくなっています。ソフトウェアをインストールする必要があるため、最新のバージョンにアップしていく作業に、限界があるからです。それを打ち破ったのが、クラウドストライクです。

クラウドストライクの考えはこうです。従来のアンチウイルスソフトはそもそも、今のようにインターネットに常につながっていることを前提に開発されたセキュリティツールではない。一方で、今のデバイスはそのほとんどがネットワーク、クラウドにつながっている。だったらそのクラウドで、セキュリティを担保しようと。

イメージとしてはクラウドにつながっている間は常に、端末ならびに利用者のアカウントをクラウドストライクがチェックしています。

これまではソフトウェアの更新で行っていたセキュリティのアップデートを、クラウドで行うように変えたのです。その結果、これまでは社内・社外とあったネットの壁や境界の概念すら、取っ払ってしまった。さらには、こちらは一般化しつつありますが、指紋認証などの物理的なセキュアな仕組みも導入していきました。

そのためプライベートのパソコンやスマートフォンでも、セキュリティを担保することが可能になります。「BYOD（Bring Your Own Device）」の実現です。

従業員にとっては、ふだん使い慣れているデバイスで仕事ができますから、効率がアップするでしょう。企業側にとっても支給にかかる経費が減りますし、支給しているパソコンを管理する手間も減ります。

実は、エンドポイントのデバイスを常にクラウドからチェックすることが有効だということは、以前から知られていました。しかしそれを実現する技術を持つ会社は数少なく、顧客会社側もコロナになる前に需要に気づくことも少なく一般に提供しようとする会社も少なかったことです。クラウドストライクのすごいところは、それを実現してしまった点です。

そして、先ほどどんな企業でも導入できると言いました。それはやはりサブスクリプション型だからです。初期投資も必要なく、コンピュータ1台につき月額たった900円ほどで導入することができます。これも資金の少ない中小零細企業でも安全なセキュリティを導入することができる理由です。

1分でウイルスを検知し、10分で調査。60分で封じ込める

クラウドストライクの創業者は、アンチウイルスソフトを開発・販売しているMcAfee（マカフィー）でCTO（最高技術責任者）まで務めたエンジニアです。おそらくMcAfee時代に、従来のセキュリティ手法では限界があることに気づいたのでしょう。そこでゼロから新しい仕組みを構築しようと。まさに、業界の壁を越えたわけです。

リモートワークの台頭もあり、クラウドストライクは瞬く間に広まりました。アメリカでは従来のセキュリティソフトを利用していた多くの人が、クラウドストライクのサービスに乗り換えていて、特にリモートワークの使用が多い企業などでは顕著で、2018年には上場。現在の時価総額は約3兆円。特に今回の新型コロナウイルスの影響で、さらに企業価値は高まっています。

日本にも進出していて、ソニー、竹中工務店やバンダイナムコといった大手企業での導入が進んでいます。

クラウドストライクは、ウイルス対策のスピード概念も覆しました。同社のサービスを導入すれば、わずか1日で検知から対処までできる「1-10-60ルール」というガイドラインです。

同ルールによれば、クラウドストライクのサービスは1分でウイルスを検知し、10分で調査。60分で封じ込めます。

これからのセキュリティのトレンドは、間違いなくクラウドであり、クラウドストライクがリードしていきます。

ただセキュリティというのは、ハッカーとのイタチごっこです。そのため今はクラウドストライクが台頭していますが、この先どのような新しいサービスが生まれるのか、2025年から先の未来でどうなっているかは、私にも想像がつきません。

ただクラウドストライクはこのような業界の特徴も十分理解していて、今まさに、クラウドを活用したセキュリティプロセスの自動化に取り組んでいます。つまりこの先もまだまだ壁を越えようとしているのです。

ショッピファイ

10兆円ベンチャー、アマゾンと楽天を破壊する

我々VCのあいだでは有名なベンチャーですが、日本ではあまり知られていない注目企

業の一つが、Shopify（ショッピファイ）です。

ショッピファイは、企業のECサイト開発・運営を手がけています。ウェブサイトの制作、カード決済の仕組み、売上分析、その他もろもろ。企業がインターネットで商売をするために必要な、専門知識がなければ難しいことを、すべてまとめて代行してくれます。事業者が用意するのは、パソコンと画像くらいのものです。

ライバルが多いビジネスモデルでもありますが、モバイル対応など使い勝手が突出しており、急激に成長。創業はカナダですが、現在はヨーロッパ、アメリカなどにも進出。今回の新型コロナウイルスによる外出自粛で、さらに需要が伸びています。

ショッピファイの台頭と呼応するように、多くの企業がアマゾンや楽天といった大手ECプラットフォームから離脱する動きが出てきています。ルイ・ヴィトン、ディズニーやナイキ、ワークマンなど、これまでアマゾンや楽天への出店を中心としていた企業が次々に「アマゾンには出店しない」と宣言し、代わりにショッピファイと組みながら自社のECサイトを充実させているのです。

ショッピファイの時価総額は現在約10兆円。日本の企業と比べると、ホンダが約5兆円ですからおよそ倍。三菱商事やソフトバンクグループの時価総額も抜き始めている。創業

２００４年のベンチャーが、ここまでの規模になっているのです。

最近の動向では、世界最大のスーパーマーケットチェーンであり、売上高も同じく世界一の企業、ウォルマートと連携しました。ちなみにウォルマートの売上高は約56兆円でほとんどがまだリアル店舗の売上です。今回の提携は、ウォルマート側が主導したと私は見ています。アマゾンへの対抗策です。

そして今後も、ウォルマートとの連携と同じような動きが起こるでしょう。そしてさらに成長は加速していくはずです。現在10兆円の時価総額がどこまで増えるのか、注目しています。

ショッピファイのような中小企業のインターネットサービスを支援するビジネスは、日本でも広まっています。ショッピファイと同じように、サービスの質で人気を博しているのが、BASE（ベイス）です。

ベイスもショッピファイと同じように、日本のデパートと連携。ショッピファイと同じく新型コロナウイルスの影響が追い風となり、時価総額は３０００億円を突破しました。２０２５年にどこまで成長しているか、ショッピファイとあわせて楽しみです。

ショッピファイの日本への進出も注目しています。ウォルマートは西友の親会社ですから、そのコネクションを使って日本に進出してくる可能性は十分に考えられるからです。そして注目すべきは、西友の現在のｅコマースシステムは、楽天が担っている点です。

２０２５年には西友のｅコマースだけでなく、日本国内におけるｅコマース事業をショッピファイがリードしている。その可能性は、今の勢いからすれば十分あり得ます。

ＢＡＴＨは世界にはあまり出られない

中国はアメリカをコピーして改善

紹介した11社は、ショッピファイ以外すべてアメリカ企業です。ショッピファイも実質的にはアメリカをマーケットとしていますので、２０２５年を制覇する破壊的企業は、ほぼすべてアメリカ系企業と言えます。いわゆるＧＡＦＡやＦＡＡＮＧ＋Ｍ、そして日本ではまだ知られていないけど未来のＦＡＡＮＧ＋Ｍになる企業も取り上げました。

中国にも同じような企業があります。バイドゥ（Ｂ）、アリババ（Ａ）、テンセント（Ｔ）、ファーウェイ（Ｈ）の４社で、ＧＡＦＡを模して、ＢＡＴＨ（バス）と呼ばれています。

ＢＡＴＨの中には、ＧＡＦＡの時価総額を抜いた企業もあります。そのため「これから先の未来は中国企業が席巻するのではないか」。このような考えを持つ人もいることでしょう。その見解を示したいと思います。

結論から言えば、現時点でＢＡＴＨが海外のマーケットでＧＡＦＡを追い越すことは難しいでしょう。ＢＡＴＨはテクノロジー・ビジネス両方において、ＧＡＦＡのコピーをしていることが多く、かつ、米中関係が緊張していることでＢＡＴＨの海外ビジネスは厳しくなるためです。

言い方を変えれば、世の中を変えるような、破壊するような技術やビジネスは、ほぼアメリカから生まれています。ＡＩ、検索機能など、多くの分野において、です。そして現時点では、TikTokなど一部を除き中国企業はアメリカ企業からコピーした技術やビジネスを、進化させることがあまりできていません。

当然、その間にもアメリカからは新しいテクノロジーならびにビジネスが続々と生まれていますから、この差はなかなか埋まらないでしょう。もし優位性があるとすれば規制やプライバシーは中国では問題にならないことが多いので、実証実験やデータの取得のしやすさで開発が進むことはありますが、それを海外で使うことはハードルが高いです。

なぜ、アメリカからは次々と新しいテクノロジーやビジネスが生まれるのか。土壌、文化が醸成しているからです。具体的には教育の差であり、世界中から優秀な移民を受け入れる文化やコンピュータサイエンスにおけるトレーニングが、アメリカは圧倒的に充実しています。

机上で行う理論的な数学のトレーニングとは異なり、コンピュータサイエンスではどれだけコードに触れてきたか。美しいコードに出会えてきたか。この経験がものを言います。そしてこの経験を磨くには、英語力は当然必要ですし、さまざまなプログラマーとの交流が必須です。そのような交流の場が、アメリカにはあります。

このような環境のおかげでしょう。アメリカには、MIT（マサチューセッツ工科大学）でコンピュータサイエンスの博士号を18歳で取得した、そんな天才がごろごろいます。そしてこのような優秀な人材が大勢いることが、当たり前でもあります。

日本人でも確かに優秀だと思う人材はいますが、アメリカにいる化け物クラスの天才と比べると、大きな差があります。

イスラエルやエストニアといった国も、テクノロジーが強いと評されています。しかし、アメリカのような天才は数多くはいません。イスラエルはセキュリティや暗号理論に関しては確かに強いです。ただこれには理由があり、国の歴史として長きにわたりサイバーセキュリティを受けてきたから、必然的に強くなったにすぎません。そのため他のテクノロジーに関しては、それほど強くない。独創的な発想を生み出す天才の層も厚くはありません。

エストニアも同じです。イスラエルのように他国からの干渉に対抗するために、セキュリティも含めＩＴに注力。電子国家として存在感を示しています。セキュリティなどピリリと光る技術はありますが、それ以上のものはありませんし、アメリカのように次から次に新しいテクノロジーが出てくる環境でもありません。

中国語のサービスでは海外ではグロースしない

テンセントの時価総額がフェイスブックを超え、約60兆円になりました。時価総額から見れば、中国企業がアメリカ企業を抜いたように感じる人もいるでしょう。しかしテンセントの時価総額がここまで大きくなったのは、中国の人口が14億人と多いことが大きいからです。付け加えるとすれば、今はたまたま経済成長しているから。今後、経済成長が鈍化したら、この数字の伸びは鈍化します。

14億人と聞くと、確かに巨大なマーケットに思えます。しかし一人当たりのＧＤＰは日本の約半分ですのでここからの伸びを考える必要があります。そしてここからがポイントですが、ＢＡＴＨのサービスはインターフェイスも含め中国語に最適化されていますからそのままでは中国語圏でしか通用しません。

逆に、アメリカ企業はサービスもインターフェイスも英語がベースですから、世界中どこにでも展開できる。ローカリゼーションな中国企業に対し、アメリカ企業はグローバルなのです。アメリカ企業の伸びしろが大きいのは言うまでもありません。

日本の状況も付け加えておきます。結論から言えば日本企業は、両国の規模の足元にも及びません。マイクロソフトが約１５０兆円、グーグルが約１００兆円、フェイスブックは約60兆円。テンセントが同じく約60兆円なのに対し、日本ではソフトバンクグループが約10兆円、これだけサービスが浸透しているＬＩＮＥでも、わずか約１兆円。これだけの差があるのです。

そしてこの本を書いているタイミングで、まさに象徴的なニュースが飛び込んできました。グーグル、マイクロソフト、アップル、アマゾン4社の時価総額が５・９７兆ドル（約６４０兆円）となり、日本の上場企業の時価総額合計約５・８４兆ドルを上回りました（7月20日時点）。日本の上場企業数は約３７００です。わずか4社で、その合計時価総額を超えてしまった。これが２０２５年の未来を創造する、アメリカの破壊的企業の力なのです。

一方で、11社に加えるか迷った企業がありました。中国企業の「Tik Tok」です。ティックトックがなぜ、特別なのか。アイデアとアルゴリズム、ユーザビリティが素晴らしいからです。

ティックトックは数十秒という動画が次々と流れていくスマホアプリです。ユーチューブなど同様の動画コンテンツとの違いは、レコメンデーション機能が優れていることです。自分で観たい動画を選択することなく、利用者の属性やこれまでの視聴歴から、最適な動画が次々と流れていきます。

つまり、言葉を必要としないコンテンツです。そのため中国発のサービスではありますが、アメリカや日本でも大人気です。

ティックトックで注目すべきは、創業は中国ですが、カリフォルニアにもオフィスを構え、中国とアメリカ両方で開発ならびにビジネスをグロースさせている、これまでにないユニークな企業であることです。あまりに人気すぎてアメリカ政府から目をつけられていますがそういった観点でも、今後の動向に注目しています。

もう一社、WeChat にも注目しています。WeChat は当初はアメリカ企業、フェイスブックのコピーでした。ところがＬＩＮＥのように決済など他のサービスを拡充させていき、いわゆるスーパーアプリに成長。今では本家のフェイスブックが、WeChat のサービスや動きを参考にしています。

アメリカ企業が生み出した技術・サービスを中国企業がコピーする動きは、この先も変わらないでしょう。しかし WeChat のように、より良いサービスを加えたことで成長し、逆にアメリカ企業が真似る。このような動きも注目すべきトレンドです。

さらに中国がアメリカからコピーしたサービスは、シンガポール、インドネシアといったアジアの他国に展開していく傾向にもあります。シンガポールで配車アプリサービスなどを手がける Grab は、まさに代表企業です。

そしてここでも、先のフェイスブックと WeChat とのような流れが生まれています。グラブの成長です。自国内にとどまることなく、インドネシア、マレーシア、フィリピン、カンボジアなどのアジア各国にビジネスを展開しています。

量が質を生む

ＡＩの価値は、アルゴリズムをどう美しく利用するか、その美しいアルゴリズムにどれだけの量のデータをかけ合わせることができるか。「ＡＩの価値＝アルゴリズム×データ量」だと、私は日頃からよく言っています。

アルゴリズムにおいて、中国はまだまだ稚拙なところがあり、正直、弱いところもあります。実際、ＡＩに関する両国の論文を見ても、革新的なものは中国から多くは出てきていません。ただ量という点では、研究でも論文でもアメリカを凌駕しています。

「量が質を生む」はよく議論されるテーマです。つまり現時点ではアメリカが力を持っているのは間違いありませんが、膨大な量の研究を続けていったら、もしかしたら中国がアメリカを追い抜くのではないか、その可能性はあるのでは、との考えもなくはありません。

アメリカではプライバシーや権利に関する問題が浮かぶと、すぐに研究がストップしてしまう傾向もネックです。最近では「ブラック・ライヴズ・マター」が活発化するにつれ、アマゾンやマイクロソフトが、犯罪防止目的で警察に提供していた顔認証システムの使用を、一時的にストップしました。

顔認証機能を使って人の行動をチェックすると、黒人が不審な行動をするような判断をしてしまうことが分かったからです。自分たちのテクノロジーが人種差別を増長してしまうとの懸念や配慮からです。

彼らのとった行動は素晴らしいと思います。ただその間データは得られませんから、テクノロジーの進化は確実に止まります。一方、中国では良し悪しはさておき、データ取得に関してプライバシーはありません。街を歩いている人、犯罪者、旅行者など。ありとあらゆる人のデータが次から次へと吸い上げられ、自由に使うことができる環境です。

現時点では拙いアルゴリズムでしかない中国が、この先膨大なデータを使い放題できる環境を糧に、洗練されたアルゴリズムを開発していく。その可能性は、十分に考えられます。

メガトレンド①

業種の壁崩壊とコングロマリット化の再来

ここまで5年後の未来に大きな影響力を持つ11社の動向を探ってきました。この11社の動向を総合したその先には、3つのメガトレンドが起こると私は予測しています。

その1つが、「業種の壁崩壊とコングロマリット化の再来」。つまり昔の財閥のように1つの企業が業種を超えた多種類の事業を営み巨大化していくという現象です。なぜこのような現象が起きるのか。

1つの事業で得たデータや知見を別の新しい事業にも活かし、シナジーを生んでいく。

この動きが鮮明になってきているからです。

コングロマリットと聞くと、一昔前の世代の方々にとっては、GE（ゼネラル・エレクトリック）やソニーといったハードウェア事業を展開していた企業が、ソフトウェアや、金融、不動産、エンターテインメントといった、他の事業に進出していく流れだと思われることでしょう。実際、これまではそうでした。ただ旧来のコングロマリット化は行き詰まり、うまくいきませんでした。GEがいい例です。

そのため「コングロマリット化＝悪」とのイメージを持っている人も多いと思います。しかし私がここで説明している現在のコングロマリットは、旧来のコングロマリットではありません。「再来」との言葉を使いましたが、まったく新しいコングロマリットであり、正確にはコングロマリットの概念が変わった、と言えます。

以前のコングロマリットは、本業で儲けたアセットを他の事業に展開する。いわば、分散投資の考えから行ったものでした。そのため進出時には当時流行していたビジネスに合わせ、「どこかの事業が当たれば儲けもの」。まさに投資的な考えで行われていました。

一方、今回取り上げている11社が行っているコングロマリットは、すべての事業がデータ連携しています。多種多様な業種を手がけてはいますが、それぞれがデータという共通項で密接につながっています。このデータも、3つのトレンドの一つです。

現在と旧来のコングロマリットの違いは他にもあります。旧来のコングロマリットがハードウェアからソフトウェアへの進出だったのに対し、現代のコングロマリットはソフトウェアカンパニーがハードウェアビジネスなどに進出していることです。そしてその際には、積極的に買収を行っています。グーグルがモバイル事業を強化しようと、スマホメーカーのMotorola（モトローラ）を買収したのはいい例です。

このようなトレンドのため、ハードウェアカンパニーに強みを持つ日本企業は、なかなか世界で急成長しません。ではなぜ、ハードウェアカンパニーがソフトウェアカンパニーを買収できないのか。逆に、なぜソフトウェアカンパニーが容易に業界の壁を越えていくのか。

前者においては、正確にはできない、いのではありません。買収してもソフトウェアカンパニーで働く技術者のテクノロジーを理解できる人材や経営層がいないため、結果として優秀な人材が離れていってしまうのです。

逆である、ソフトウェアの会社がハードウェアの会社を買収した場合は、特許やライセンスが目的というかたちもあり得ます。たとえば先のグーグルがMotorolaを買収した例でいえば、買収はしたけれど、特許まわりだけを残し、あとは早々に解体しました。このあたりのしたたかさも、過去のコングロマリット企業とは異なる点です。

一方、後者。なぜソフトウェアカンパニーが容易に業界の壁を越えていくのか。

クラウドならびにサブスクリプションサービスの台頭。

この2つが主な理由です。

これまでのソフトウェアは、使用しているパソコンなり、スマートフォンなり、ハードウェアにインストールして動作していました。

そのためいくら良質なソフトウェアサービスを開発しても、高性能なハードウェアが備わっていないと、広がってきませんでした。ハードウェアに依存していた、とも言えます。

ところがクラウドが登場したことで、パソコンやスマートフォンなどのいわゆるエッジ端末は、自ら重い動作をする必要がなくなりました。

つまり、高性能なハードウェアは必要なくなったのです。ハードウェアの目的は、データをクラウドに飛ばすことに変わったからです。その結果、良質なソフトウェアさえ開発していれば、インターネット環境が整ってさえいれば、ありとあらゆる業界に参入できる時代になったのです。

スマートスピーカーはいい例です。スマートスピーカーに話しかけた声の処理は、端末（ハードウェア）では一部の処理しか行っていません。インターネットを介しクラウドに飛び、そこでＡＩが解析し、再びスマートスピーカーに戻ってきます。極端に言えば、スマートスピーカーはただの箱なのです。

ソフトウェアカンパニーが今後も業種の壁を越えていき、コングロマリット化していくトレンドは、この先ますます進むでしょう。

つまり特定の事業に特化し続ける企業は今回の11社に駆逐されるか、あるいは飲み込まれる可能性があります。

結果として今回の11社がこれから先の未来では各主要産業で、トップクラスの実績ならびに存在感を示すと共に、コングロマリット・巨大化することで、優位性はさらに高まっていくのです。

メガトレンド②

ハードでもソフトでもなく〝体験〟が軸になる

今回の11社のような未来をつくる企業が、業種の壁を簡単に超えていく理由は、他にもあります。彼らはそもそも、ハード、ソフトを意識していません。

大切にしているのは、ミッション、ビジョンだからです。

アマゾンでいえば顧客ファーストです。顧客にとって最高に気持ちのよい買い物体験をしてもらうこと。言い換えれば、おもてなしを意識しているとも言えます。

体験が軸になることで、サービスの質が変わっていきます。たとえばアマゾンで買い物をしようとします。すると、やけに肉まんをすすめてきました。その人がコンビニで頻繁に肉まんを購入しているとの体験を、アマゾンがデータとして蓄積。レコメンデーションに反映しているからです。

ただあまりにも肉まんばかりおすすめされては、気持ちのよいものではありません。そこで他の行動、体験履歴を同じくデータ化し、ほどよく心地よい、まさに個人に最適化された体験がネット上でも受けられる、言うなれば究極のおもてなしが受けられる世界を考えています。

自分の体験がデータとして扱われることを、不快に感じる人もいることでしょう。しかしデータの提供を受託することで、商品が10%安く購入できるとしたらどうでしょう。そして、データは秘匿性が担保されているとしたら。データの話に関しては別のところで詳しく触れますが、多くの人が受け入れるのではないでしょうか。

そしてデータは蓄積されればされるほど、提供されるサービスのおもてなしはレベルが上がっていきます。

一昔前であれば、良質なハードウェアが欲しい。あるいは同じく、高品質なソフトウェアをインストールしたい。コンシューマが企業に求める価値やニーズはそこでした。しかしこれからの未来では、間違いなく体験になります。

グーグルの動向などを見ていても、体験がこれからのキーワードになることは明白です。先ほど紹介した「『検索前』の世界への進出」(42ページ)がそれを物語っています。

現時点でのグーグルの役割やビジョンは、利用者が打ち込んだ検索キーワードの最適解を、瞬時に的確に表示することです。

しかし2025年の未来では、もう一歩先をいきます。検索する人の属性、これまでの検索履歴などのデータを分析することで、極端に言えば、グーグルを開いた時点で、欲しい情報が表示されている、そんな未来です。

データ活用においては、プライバシーを配慮し個人を特定しない程度で使用することもポイントですが、本書を執筆している最中に、データは1年半分しか取得しない。このようなアナウンスを、グーグルが出しました。

人の好みは移りゆくものですから、現在最高レベルのサービスを提供するには、直近1年半のデータで十分だと判断してのことなのでしょう。

ユーザー側にとっても、このような明確なプレスリリースがあれば、データの提供を拒む人は減るはずです。そして究極のおもてなしを常に受けられる生活圏に一度身を置くと、あまりの快適さにそこから離れられない。その結果、この11社はますます存在感を示していくのです。

メガトレンド③ データを制するものが未来を制す

アマゾンはなぜ、リアルレジ無し店舗のアマゾンゴーを出店したのか。EC以外、リアルでの顧客の情報も取りたいからです。もっと言えば、いずれはアマゾンゴーだけでなく、車、電車など、人の生活の24時間に密接し、あらゆる時点でタッチポイントを持ち、顧客に関する情報を得ていくことを考えています。

アマゾンに限ったことではありませんが、ここまで、未来の企業の特徴として業種の壁が崩壊しコングロマリット化する、ハード・ソフトの概念がなくなり、サービス、体験が基点になると説明してきました。

ただこのようなトレンドを活かすには、全領域ならびに事業をつなぐデータ連携が必須であり、逆にないと意味がないことにも触れました。そのため企業はいま躍起になって、データの取得や解析に力を入れています。

たとえばアマゾンでは、すでに何億人という顧客のデータをすべて自動で取得・活用するアルゴリズムが備わっています。

先ほども紹介したアレクサもいい例です。アレクサが外に出ることが発表され、現時点で近しい業務が行われている街中のポイントに、人ではなく、アレクサが設置される。そんな未来が訪れることでしょう。

アレクサが外に出ていく理由は、利用者の利便性向上や人件費削減などもありますが、顧客の行動データを取りたいから。これに尽きます。

業態がコングロマリット化していくことが未来のトレンドですから、データはどのようなものでも必要とされます。ぱっと見は役に立たなそうな、事業に直接的に影響を及ばなそうなものでも、何でも構いません。探偵や刑事が捜査や推理にありとあらゆる情報や証拠を集めるのと同じ感覚です。ミクロ経済学では「シグナリング」と呼ばれています。2001年にノーベル経済学賞を受賞しました。

食べ物の好みはもちろん、髪の色、薄毛なのか多毛なのか。ペットは好きか。犬・猫どちらを飼っているのか。散歩は1日に何回行くのか、など。たとえばある顧客が投資信託に興味を持っていることが、別の事業から分かったとします。

投資信託に興味がない人に営業をかけるよりも、そのような人にリーチした方が、間違いなく成約率は高まります。このようにデータを活用・連携して、コングロマリットの中でできるだけ無駄を減らし、収益率を上げていく。これが、これからの未来では当たり前になります。

以前からデータを利活用しようとの動きや戦略はありました。ただプライバシーの観点や、テクノロジーの問題から、思ったように使えていませんでした。それがクラウドや優秀なデータサイエンティストの登場により、可能になったのです。

そこにコングロマリット化の再来ですから、企業としては使わない手はありません。データの利活用ならびにシナジーは、今後ますます注目されていくことでしょうし、逆にやらない、できない企業は、この11社をはじめとするできる企業に飲み込まれていきます。

第2章

11社がつくるメガトレンド①

業種の壁崩壊とコングロマリット化の再来

本業を決めない企業が勝つ

アマゾンやアップルが金融業界に参入したとき、まわりの企業は驚いたことでしょう。しかし彼らにしてみれば、業種の壁を乗り越えることなど、何のためらいもなかったはずです。そもそも彼らは、本業が何であるということすら、決めていません。

時代は常に変化していて、次から次に新しい技術やサービスが登場する。これらの時流をいち早くキャッチアップすることが重要であり、何の業界であるかどうかは関係ないからです。そしてこのようなスタンスでいることが重要であることを、アマゾンやグーグルは理解しているのです。

逆の言い方をすれば、本業を限定してしまい、その事業ばかりに固執している企業は、足をすくわれます。つまり、常に変化に対応できる準備をしておく必要があります。

たとえば人工知能のような新しいテクノロジーは、いとも簡単にそれまで業界を牛耳っていたビッグカンパニーの牙城を、崩す可能性があります。そして実現するのは、規模の小さいベンチャーだったりするのも昨今のトレンドです。

オリンパスが84年続いたカメラ事業からの撤退を表明しました。それまでオリンパスとしては当然、性能のさらなる強化など同業者への対抗策はとっていたことでしょう。しかし彼らの足をすくったのは、スマホカメラでした。このような動きが、これからの未来では頻繁に起こります。

ｅコマースがメインだったアマゾンの現在のもう一つの稼ぎ頭はクラウドです。ネットフリックスももともとはレンタルＤＶＤショップから事業をスタートさせましたが、現在はストリーミングサービスならびに動画制作まで行っています。そして人工知能という武器を手に入れ、業種の壁を越えようとしています。

グーグルも業種の壁を越えています。ただグーグルはまだ収益の9割ほどが検索関連の広告ですから、今後の動きに注目しています。マイクロソフトも同じく、現在の主業はOffice関連サービスですが、２０２5年も含め、その先の未来ではどのような事業を手がけているか。現在とは大きく様変わりしていてもおかしくありません。

スペースXも業界の壁を気にすることなく、コングロマリット化を進める企業の代表です。宇宙を使った通信網整備だけではなく、民間では開発が無理だと言われていたロケット開発に乗り出したこともそうですし、開発においては近年のトレンドであり、一気にブレークスルーを起こす人工知能を搭載。その結果、ロケットの再利用を実現。従来の100分の1のコストで宇宙にロケットを飛ばすことを可能にしました。

アドビ　再始動する老舗企業

ＧＡＦＡ以外にも業界の壁を越えている企業はあります。そしてそのような企業は、業績が好調です。

特に注目しているのはアドビです。一時期はいわゆる大企業病で倒産しかけましたが、2011年にサブスクリプションサービスを手がけ、次第に業績が回復。2016年には自社開発で人工知能のテクノロジーを獲得。それまでクリエイターの技量に頼っていた画像やイラストの加工作業を、人工知能が自動で行うサービスを提供することで、急激に業績を回復。現在の時価総額は20兆円ほどにまで成長しています。

アドビはもともとＰＤＦ、フォトショップ、イラストレーターといったソフトウェアならびに関連システムを販売する、システム会社のような、ソフトウェアカンパニーのような業態でした。

それが人工知能を手に入れたことで、画像・イラスト処理を行うプロフェッショナルユーザーを満足させるサービスを提供する企業に変貌したのです。そして今は、同事業にかなり力を入れています。

だからなのでしょう。2018年には社名が、アドビシステムズからアドビに変わりました。この社名変更は、今後もさまざまなサービスを提供していくとの、同社からのメッセージだと私は受けて止めています。

旧来コングロマリットの失敗例としてヘッジファンドから攻撃を受けたソニーですが、実は現在では新しいコングロマリット化に成功しつつあり、金融事業を中心にゲーム事業なども手がけ、業績は好調です。

ソニーがなぜ変われたのか。ソニーはもともとハードウェアメーカーとの価値観が根強くあり、ハードウェアエンジニアの存在感が強いとの特徴がありました。そのため自ら業界を限定してしまっていたのです。

そのような状況を危惧した現社長の吉田憲一郎氏がハードウェアカンパニーという幟《のぼり》を下ろし、金融事業を中核に、新しいコングロマリット化を進めていきました。その結果、業績は回復していきました。

改革ではディズニーなどと同じように、自分たちの世界観や価値、ビジョンは何なのか。その軸からブレずに、コングロマリット化を進めていきました。「好奇心とテクノロジーで世界の人を幸せにする」です。

この先ソニーがどのような動きをするかは分かりません。ただ現時点では業界の壁を越え、コングロマリット化していった成功例だと言えるでしょう。

ソフトバンクも本業を変えながら成長している企業の代表格です。最初の事業はソフトウェア販売でしたが、ヤフーに出資して検索事業に進出。その後は携帯電話事業に、そして現在では投資グループの様相を呈している。そして見事にそれぞれの事業のシナジーを活かし、グループ全体で利益を出しています。ソフトバンクグループも業界を超える、コングロマリット化する上で孫社長という強烈なリーダーシップによる一つの形と言えます。

一方で、業態の壁を越えきれずに苦戦している企業もあります。製造業のお手本と言われたGEもそうですが、もう一つはかつてはテクノロジーの先端だったアイビーエムです。

もともとハードウェア、サーバを販売していた会社であったため、既存事業に競合するクラウド化の波に乗り遅れました。慌ててソフトウェアに手を出し、ワトソンという人工知能の提供を開始しますが、ワトソンの人工知能は機械学習に近く、昨今のトレンドであるディープラーニングが備わっていないため、マーケットでは苦戦を強いられています。

変わらざるを得ない状況になり、アイビーエムは変わった。しかし苦戦している。これも、一つの未来の事実です。


社名の変更はアドビだけではありません。アップルはiPhoneを発売したのを機に、アップルコンピュータとの以前の社名から変更しました。アドビと同じく、本業が変わったという社会に対するメッセージと言えます。

ソニーも同じく、ソニーグループと名称変更しました。社名どおり、包括的なサービスを提供していくとの表れでしょう。

カード・金融会社が飲み込まれる

2025年の未来では、GAFAがカード・金融会社を飲み込んでいるかもしれません。物理的なクレジットカードの需要が減り、電子決済が当たり前になりつつあるからです。店舗にそれなりの価格がするカード読み取り機を設置する時代ではないのです。

実際、コンシューマにクレジットカードとスマートフォンどちらを手放してもよいかを尋ねたら、ほとんどの人がクレジットカードと答えるでしょう。スマートフォンがあれば、決済もできるからです。

カード会社や金融会社は、当然、このような未来を警戒しています。しかし良い対処法が見つからない。正確には対処法を実行するのを躊躇するでしょう。現在利益の出ているビジネスモデルを、崩したくないからです。カード会社の利益の源はカードの決済手数料です。店ごとで異なりますが、大抵4～6％。1万円をカード決済した場合、自動的に400～600円が利益として入る仕組みです。

このようなビジネスを、ビザ、マスター、アメックスのカード会社大手は、世界中で展開しています。ですから今まさにこの瞬間も、カード会社はものすごい額の手数料を得ているわけです。実際、カード会社が手数料で得る額は、年間約2兆円。ビザの時価総額は約47兆円、マスターカードは約34兆円。いかに大きなマーケットであるかが分かります。

カード会社が動けない理由がもう一つあります。GAFAが得意とするデータ活用による、eコマースや広告事業といったビジネスを、手がけたくてもなかなか内製できないことです。同事業に強いデータサイエンティストなどの人材ならびに、ノウハウをなかなかとりこめていないからです。

ただGAFAと同じように、同領域に強いベンチャーなどを買収して、参入する可能性はあるでしょう。決済手数料を下げてスマホ決済に対抗するよりは、こちらの動きの方が可能性は高いと私は見ています。

実際、マスターカードは動きました。先述したアップルカードです。GAFAに飲み込まれる前にアップルと組むことで、同業のカード会社に対抗しようとしたのです。同じく、ゴールドマン・サックスも動きました。こちらも先述したとおりです。マスターカードもゴールドマン・サックスも英断をしたと思います。

アップルがマスターカードやゴールドマン・サックスと連携したような動きは、他のG

AFAでも見られます。グーグルです。グーグルに限らず、GAFAをはじめとするネット決済に強いベンチャーが、金融機関と連携する。このような話題は、最近多く出ています。

会社の規模や歴史ではカード会社の方が勝っているかもしれませんが、テクノロジーにおいては、圧倒的にGAFAをはじめとするネット企業が強いです。その結果、GAFAがカード・金融会社を飲み込むような流れは今後も続くでしょう。

ビザカードはオリンピックやFIFAワールドカップといった世界的なイベントのスポンサーでもありますが、この先の未来では、その筆頭スポンサーがGAFAに変わっている、このような未来も、十分考えられるシナリオです。実際、東京オリンピックのスポンサーにはグーグルが入っています。

金融だけではありません。物流、エンターテインメント、ヘルスケア、モビリティなど。旧来のビジネスに固執している大企業は、GAFAならびにデータ領域で強いベンチャーに、次々と飲み込まれていきます。

小売りなのにコロナで一人勝ち　ウォルマートの秘密

新型コロナウイルスの影響で、小売業界は大きな打撃を受けています。扱う品によっては、営業の自粛を余儀なくされた企業もあるでしょう。日常品を販売するスーパーマーケットなどにおいても、営業時間の短縮、ソーシャルディスタンスを意識した利用者の人数制限などにより、ほとんどの店舗や企業で売上減、厳しい経営を強いられています。

そんな中、小売業界にありながら売上が問題なく、株価まで上げている企業があります。ウォルマートです。ウォルマートのすごいところは、歴史も規模もある世界的な大企業でありながら、経営感覚はTikTokへの出資に大きな意欲を持つほど最先端で動きも速いことです。

ネットスーパー事業に着手したのは、アマゾンが急成長していた2006年ごろでした。シリコンバレーにオフィスを構え、データ分析やeコマース事業に強い人材やベンチャーを次々と買収、手を組んでいきました。最近では先に紹介したショッピファイとも連携しています。

GAFAが自分たちの苦手分野をM&Aによって取り込んでいく経営手法を、老舗でありながら実行していったのです。その結果、大手老舗でありながら、その実はGAFAのような最先端企業のテクノロジーならびにサービスを備えていきました。

一方で他の小売事業者は、eコマースに進出するとリアル店舗と競合してしまう。店舗にお客さんが来なくなってしまうのでは、そのように考え、進出に二の足を踏んでいたのでしょう。

しかしウォルマートは違いました。リアル店舗も活かした、新たなサービスを提供すればよいのだと。まさに固定観念を取り払う、業界を超える、成功していく企業の典型です。

ウォルマートの経営スタイルはアマゾンと似ています。実際、アマゾンをベンチマークとしています。物を仕入れ販売するのが、小売業のビジネス。このような考えに固執せず、どのようにしたら客が満足するかを真剣に考え、実際の施策として愚直に行っています。

サブスクリプションサービスを展開しているのはまさにその証しです。年会費98ドルを払えば、ふだんの割引はもちろん、さまざまなサービスや買い物を通じた楽しい体験を得ることができます。

ロッカーサービスはいい例です。アメリカでウォルマートの店舗に行くと、入り口にロッカーが設けてあります。このロッカーの中には、ネットで注文された商品が入っていて、客は店に入ることなく、望む品を家に持ち帰ることができます。

アマゾンの配送は倉庫からですが、ウォルマートは各地に実店舗があります。この実店舗から客の元に配送したら、アマゾンに勝てるだろう。という考えです。

小売りに固執していないことは、今回のコロナ禍でも強烈にメッセージとして打ち出されました。ドライブインシアターです。コロナ禍の影響で、映画館に行くことができない状況が続いている。それならばとソーシャルディスタンスを保ちながら映画を楽しむことができる、ドライブインシアターを行おうと考えたわけです。店舗の駐車場を使って行うようです。

ウォルマートのビジョンは明確です。自分たちのことを支持してくれる顧客に、最高の体験を届けること。言い方はシンプルですか、そこさえできていれば、お客さんを囲い込めることが分かっているからです。アマゾンと同じです。

私も実際にウォルマートを利用することがありますが、アプリにおいては老舗企業とは思えない洗練されたUIで、とても使いやすい。ネットスーパーでありながら生鮮食品などを購入することもできます。受け取りに関しては先のとおり、アマゾンよりもスピーディーに、簡便に行えます。

正直、老舗の小売事業者がここまでやるのか、できるのかと、最初にサービスを利用したときは大きな衝撃を受けました。老舗企業でＤＸを大成功させた、デジタル化による価値上昇を最も体現している企業と言えるでしょう。

ウォルマートのサービスの拡充、業界の壁を越えていく動きは、これからも続くと見ています。

たとえば先のロッカーサービスは、ロッカーではなく、乗り入れた自動車のトランクに、店舗のスタッフが詰めてくれるような。あるいはアマゾンが現在テスト段階にある、自宅前に停めてある自動車のトランクに配送してくれる、といった発展です。

アマゾンがベンチマークですから、同社がすでに提供しているサービスに近いことは、今後もまだまだ手がけてくると思いますし、どのようなせめぎ合いをしながらアマゾンと戦っていくのか、この流れはしばらく続くでしょう。

流れとしては、アマゾンがオフラインからオンラインに。ウォルマートもオフラインからオンラインに。顧客ファーストという共通の理念を掲げながら、２つの巨大企業が今後どのように戦っていくのか。２０２５年のフェーズでは、それなりの結果が出ていることは間違いありません。

激変する業種①

運輸――電車の2倍速く40％安いロボタクシーが鉄道を破壊

第1章でも紹介しましたが、マスク氏は、先述したボーリングカンパニー事業と同じようにインフラプロジェクトを構想していて、すでにラスベガスや中東で展開しています。それがハイパーループ構想です。

この1000kmものスピードの出るリニアと電車の200％もコスパのよいロボタクシーを広めようとしており、そうなれば一定の地域での鉄道の需要は一気に激減します。

その結果、鉄道の運行本数は激減。地方で路線バスの運行が問題となっていますが、いずれ鉄道のいくつかの路線そのような状況になると私は見ています。船舶が歩んできた役割を見ていると、まさにこれからの鉄道も、同じような歩みになるのではないかと考えています。つまり、重い荷物を大量輸送する手段になるか、あるいは豪華客船のようなリッチな旅を提供する方向にシフトするか。後者においてはすでに動きが見られます。

ANAが開発した遠隔操作が可能なアバター型ロボット「newme（ニューミー）」

鉄道を使う人が少なくなれば、駅そのものも価値がなくなりますから、駅だけでなく周辺エリアも活気がなくなっていきます。「駅近の不動産は絶対に価値が暴落しない」。このような現在の常識は、未来の社会では通用しなくなっている可能性は十分あり得ます。逆に、郊外にいても配車が容易な状態ならばロボタクシーでどこでも安価に移動できますから、郊外の不動産価値が高まるかもしれません。

航空業界は鉄道よりもさらに厳しい路線も出てくるでしょう。国内線においては先のハイパーループの影響です。国際線においても、マスク氏は宇宙に飛ばすロケットを国際線として利用する計画も発表していますから、実現すれば、東京―ニューヨークが約40分で結ばれ航空会社は多くの客を奪われる。まさに、未来の業界を破壊する動きと言えます。

一方で、このような業界の壁を越えた参入に対して、いち早くアンテナを張り、対抗している企業もあります。航空会社でいえばＡＮＡ（全日本空輸）です。ＡＮＡでは、飛行機の飛ぶ本数が激減する未来を危惧していたのでしょう。遠隔操作できるアバター型のロボットを開発。これまで飛行機を利用して出張していたビジネスマンに対し、同ロボットを活用してもらうような、新たな事業への進出を模索しています。

一見すると、自らの首を絞めているようにも思えますが、このような自己否定の発想が、重要なのです。そもそもＡＮＡの本業はヘリコプターでした。それもわずか2機からのスタートです。

そこからすでにジャンボジェット機を多数保有していた業界の巨人、ＪＡＬ（日本航空）に立ち向かっていった歩みがあります。つまり、もともとベンチャースピリットのある企業なのです。

ＡＮＡのアバター事業は以前から着手されていたと思いますが、今回の新型コロナウイルスの影響で、一気に注目を集めています。他の観光事業者も、同様の動きを見せています。

香川県のバス会社は、バスを運行させるのではなく、オンラインでバス旅行が楽しめるサービスを始めました。

現在の事業が好調であればあるほど、本業が厳しくなったときのことを考えるのは難しいと思います。しかし生き残っていく企業は、ＢＣＰ（ビジネスコンティニュイティプラン）、それも20年、30年先の未来を見据えた案を考えていますし、生き残るためには考える必要があります。

今回の新型コロナウイルスは、そういった意味ではいいきっかけになったとも言えます。

激変する業種②

映像──ディズニーがビジネスの究極系に

●コロナが業界全体の進化を加速

11社以外の企業でも、コングロマリット化を実行し、成功している企業があります。ディズニーこと、ウォルト・ディズニー・カンパニーです。

ディズニーはもともとテーマパークとアニメーションからビジネスをスタートさせました。その後、グッズ販売や3Dサービスなども展開していきますが、アマゾンのように、すべてのタッチポイントでお客様を満足させています。

ディズニーという共通の世界観で、どのような業態にあっても消費者を満足させている。企業にとって何が大事なのか、ディズニーはまさしく体現していると思いますし、これから先の未来でも生き残る、数少ない企業だと言えます。

GAFAももちろん、映像業界に参入しています。アマゾンであればアマゾンプライムビデオ。グーグルはユーチューブ。フェイスブックはインスタグラムです。これらGAFAが映像ビジネスを行う上でのトレンド、キーワードは何か。人工知能を活用したレコメンデーションです。

たとえば、プライムビデオで観ていた映画に登場していた女優さんの衣装がおしゃれで欲しいと思ったとします。それが2025年には、ボタン一つで購入できる。そんな世界です。

実際、フェイスブックはインスタグラム上で近い物販サービスを展開しており、いま紹介したようなサービスが、２０２５年までには形になっている可能性は高いです。

映像業界のトレンドは、私がイメージしていたよりもかなり前倒しで実現しています。新型コロナウイルスの影響です。それまでは一部の人しか使っていなかったビデオ会議ツールなどを、多くの人がリモートワークで使うようになったためです。

外出自粛要請で先の動画サービスなど、自宅で楽しめるコンテンツの需要が高まったことも要因でしょう。人工知能、特に画像解析技術であるディープラーニングの精度が高まってきた時期でもあった。これらの状況から、２０２５年ごろに起きると考えられていたトレンドが、いま起きているのです。

ビジネスのやり取りも、Zoomなどのビデオ会議ツールを通して行う機会が増えました。その際、先方とのやり取りの動画を人工知能で解析し、どのような話し方や表情をすれば、相手に好印象を与えることができるのか。営業であれば、成約につながるのか。このような分析を行うことが可能になってきます。

お笑いタレントや歌手、アイドルがオンラインでライブ配信を行う際も同様です。どのような仕草や表情をすれば、視聴者に受けるのか。投げ銭のようなアクションをもらえる際の、自分の表情、仕草はどういったものなのか。動画を解析することで、分かることは大いにあります。

コミュニケーションをより円滑にするサービスが続々と

コミュニケーションを円滑にするサービスも今後のトレンドです。Zoomのバーチャル背景のようなサービスです。

資生堂は、実際は化粧をしていないのに、映像で見るときちんと化粧をしているような表情でビデオ会議が行えるツール、「TeleBeauty（テレビューティー）」を開発しています。

この流れでいえば、洋服や髪型もセットすることなく、装った状態で相手に映る。極端に言えば、寝起きで頭はボサボサ、顔も洗っていないTシャツ姿といった状態にもかかわらず、画面ではビシッとスーツにネクタイ姿で髪型もばっちりで、肌ツヤも良好。そのような状態に、デフォルメすることが可能です。

装いだけではありません。オンラインでカメラを使ったコミュニケーションでは、相手と話す際にカメラを見たらいいのか、それとも画面上に映っている相手の顔を見たらよいのか、意外と悩む人が多いと思います。

本当は相手の表情を見て話したいけれど、それだと相手に映る自分の表情の目線がズレてしまう。そう、考えるからです。このような目線の補正も、今はまだ提供している企業はありませんが、現在のテクノロジーを活用すれば、可能です。

この手のニーズはまだまだありますから、ビジネスチャンスを見出した企業が、資生堂のように他の業界から壁を乗り越え参入してくることは、大いに考えられます。

オンラインコミュニケーションで必須のデバイス、イヤホンやスピーカー関連のビジネスも活気づくでしょう。イヤホンを装着していなくても、まるでしているかのように音声が届く、指向性の強いスピーカーなどです。

あるいはその逆、まるでその場にオンライン先の人たちがいるような臨場感漂う3Dサウンドを流すスピーカーなども、2025年には発売されているかもしれません。

AR、VR、MRを実現するヘッドセットやメガネにも注目しています。実際、マイクロソフトが開発したMRデバイスのホロレンズを装着すれば、目の前に人がいるような感覚で、コミュニケーションが行えます。

ただホロレンズは現在数十万円もする高価なデバイスです。そのため安価なＡＲやＶＲデバイスを活用したサービスが先にトレンドとなるのかどうか、そのあたりの動向も見ものです。

ＶＲに関しては、冒頭の未来予測小説で登場したフェイスブックのホライズンというサービスが、いよいよ本格的に動きだすようですから、サービスのクオリティも含め、各社ならびに技術・サービスの動向にも注目しています。

映像業界でもう一つ注目しているのが、ディズニーのような動きを、ジブリや任天堂が行えるのではないか、ということです。日本のアニメーションやゲーム、特にジブリや任天堂は世界に通じるコンテンツです。

それぞれのアニメやゲームが持つ唯一無二の世界観が実現できるコンテンツは、映像やゲームでなくとも、間違いなくユーザーから評価されるでしょう。逆の言い方をすれば、映像だけで終わらせるのはもったいない。ニンテンドーワールドは近日中にもユニバーサルスタジオジャパンを皮切りにフロリダ、ハリウッド、シンガポールにオープンする予定です。２０２２年に名古屋で開業予定の「ジブリパーク」の動向にも注目していますし、その後のトレンドの基点になるでしょう。

激変する業種③

農業――東京の20階建てビルで高級野菜が育つ

農業はこれまで、田舎の広大な土地で行うのが一般的でした。しかしそのような様相が、2025年の未来には変わっているかもしれません。農業のトレンドは、消費者に近い都会で行う流れにあるからです。

実現すれば、運送コストは大幅に下がりますし、フレッシュな食材が手に入るようになります。特にハイブランドで希少価値の高い農作物の生産が注目されています。逆の言い方をすれば、地方の農家は、廉価で大量消費される農作物を大規模生産する。このように二分化されることも考えられます。

アメリカでまさに私が思い描く未来を実現している事例があるので、紹介します。Oishii Berry（オイシイベリー）という、ニューヨークの近くにある企業です。同社では7～8糖度の苺が一般的なのに対し、平均で15糖度前後。中には20糖度を超える極上品の

オイシイベリーを生産している植物工場

苺、まさに社名にふさわしいおいしい苺を栽培しています。

その苺を生産している場所が、なんとニューヨークの隣、ニュージャージー州にある自社のオフィス内です。言うなれば、苺の植物工場です。ニューヨークではなかなかおいしい苺が手に入りづらいとの課題が以前からあり、同社が生産した苺は、高値で取引されています。

この流れが、日本にも来るのではと私は考えています。たとえば東京のど真ん中に20階建ての農産物生産専用のビルを建て、苺のような高級食材を生産するのです。収穫された品は、近くの高級料理屋や高級スーパーに卸される。オイシイベリーの経営者はUCバークレー卒業の日本人ですから、可能性は十分あると思います。

農業でも自動化ならびにデータ活用が進んでいて、ソフトウェアや人工知能といった業界からの参入が見られます。

現在の農業では、種まき、草むしり、肥料配布、収穫といった多くの作業において、農家の方々のノウハウを元に行われています。この属人的だった作業が、データ化、効率化していきます。

自動化においてはドローンが農薬の散布や水撒きで活躍します。ドローンに人工知能を搭載すれば、人を介することなく自動で働いてくれますから、コストダウンはさらに高まります。得たデータを分析することで、より効率的な収穫も行えるようになります。

ＧＡＦＡの農業参入においては、アマゾンが最有力候補だと見ています。アマゾンは独自のブランドアマゾンベーシックを持っていますから、そのラインナップに農作物を加えることが、十分考えられるからです。いわゆるプライベートブランドです。

アマゾン牛乳、アマゾン苺、アマゾンメロンなど。実際は農家との協業かもしれませんが、それこそまさにコングロマリット化です。ＧＡＦＡが農業に固執している小さな農業法人を囲い込むことは、十分あり得ます。

アマゾンはホールフーズ・マーケットという、高級食料品を扱うスーパーマーケットチエーンを2017年に買収しました。つまりどの地域でどのような食材のニーズがあるのかを、把握しています。メロンの需要が高いエリアには、先の苺生産工場のようなかたちで、メロンだけを作る。そのような戦略が描けます。

もう一つ、農業の未来でユニークな取り組みをしている企業がコマツです。正確には林業ですが、コマツは山で木を伐採した瞬間に、伐採機に搭載されたカメラで木の状態をスキャン、その情報をクラウドに素早くアップ。データ解析し、マーケットでどれほどの値段がつくのか瞬時に分かるシステムを開発し、実際に活用しています。

つまり、木を切った瞬間に価格がつくわけです。おそらく農業などの一次産業は、これが究極の未来のかたちの一つだと私は考えています。

たとえば漁業。魚を釣った瞬間に、船に搭載されているカメラなどで解析し、値段がその場で分かるようになります。このような未来が実現すれば、これまで築地などの市場で目利きの仲買人などが行っていた値付けを、ソフトウェア、人工知能が代わりに行えるようになります。

さらには収穫してからしばらく経った生産物の鮮度なども、自動で明示してくれるようになるでしょう。その結果、生産者から消費者もしくは小売業者へのダイレクトな流れが、すでに進みつつありますが、加速します。

激変する業種④

セキュリティ——コロナ後にさらにリモートワークを加速

サイバーセキュリティのトレンドが変わってきています。正しくは、従来のセキュリティ手法ではもう対応できない状況になっています。たとえばこれまでセキュリティの主流であったアンチウイルスソフト。アンチウイルスソフトの仕組みは、ウイルスと思われるファイルをブラックリストとして登録。そのブラックリストファイルがパソコンに侵入したら、アラートを発する、というものでした。

つまりブラックリストに載っていない、改変されたウイルスは素通りするわけです。実際7割ものウイルスがアンチウイルスソフトを素通りしていると言われています。

もうひとつはVPNによるセキュリティです。ソフトで守るのではなく、会社と同じような強固なセキュリティを持つネットワーク環境を、離れた場所でもバーチャル的に構築。そのネットワーク（境界）でウイルスの攻撃から守るとの考えです。その結果、自宅にいてもＶＰＮの境界内に入っていればセキュリティは担保されます。

ＶＰＮに関しては新型コロナウイルスの影響でリモートワークする人が増え、その際に会社から設定するよう言われた人も多いことでしょう。

ただこのＶＰＮ。ＶＰＮ内に入ったデバイス自体がウイルスソフトに感染していたら、安全ではありません。リモートワーク者の急増で、アカウントが足りない、もっと初期のレベルでいえば、安全を担保している社用のパソコンが足りないなど、いくつかの課題が浮き彫りになりました。

実際、アンチウイルスソフトやＶＰＮで構築したセキュリティ網は、破られる傾向にあります。ホンダ、ソニー、三菱電機、防衛省関連企業など。ニュースになった事例も多くあります。

さらに問題なのは、従来のセキュリティ方法では、被害に遭っていることに気づくのに数日、数ヶ月もの期間を要することです。被害を受けていることに、気づけていないからです。その間にも被害は拡大。攻撃を受けたことが分かってから慌ててセキュリティチームを発足し、被害状況を各部署に電話などのマンパワーで確認。このような対策がこれまでの状況でしたから、その間にも被害は拡大していきました。

このような状況を受け、従来のセキュリティ手法ではなく、新しい手法が採用される動きがあります。その新しいセキュリティトレンドを展開しているのが、先ほど紹介したクラウドストライクです。VPNを必要としないセキュリティをつくり、業界および人々の生活を大きく変えていきます。

激変する業種⑤

モビリティ──ロボタクシーがウーバーのライドシェア事業を破壊

●「自動運転」がキーワード

GAFAはモビリティ業界にも進出していて、人工知能技術を活用した、自動運転がキーワードです。中でも私が注目しているのは「ロボタクシー」です。ある試算によれば、世の中にある自動車の95%がふだん利用されておらず、車庫などで駐車されているそうです。つまり、かなり無駄なわけです。そこで、この動いていない時間を自動運転技術を活用して、タクシーとして利用する。それが、ロボタクシーです。

ロボタクシーのメリットはコストの観点から見ても大きいです。人間のドライバーが乗客を乗せるタクシーの場合、運賃の約7割が人件費と言われています。つまりロボットが自動でタクシーを運転すれば、この人件費が削減されますから、これまで700円かかっていたところを、200円くらいで乗れるようになる。動かない車両という無駄、大幅な運賃削減、この2つが重なり合うことで、ロボタクシーは今後大きく普及する可能性を持っています。

GAFAの動きを見ても明らかです。最初に動いたのはテスラです。テスラはそもそも自動車メーカーの側面がありますから、自社で販売した車両ならびに顧客先という強いパイプがあります。

グーグルはウェイモという傘下企業を通して行っています。こちらはロボタクシーではなく、今はスタッフも同乗する自動運転による乗車サービスですが、すでに空港への送迎サービスを展開しています。

アマゾンも2020年6月20日ズークスという企業を買収し、攻勢を強めています。なおズークス社は新型コロナウイルスの影響で開発がストップ、一時期は3000億円ほどあった時価総額が1000億ほどにまで減少。アマゾンとしては虎視眈々とモビリティ業界への参入を狙っていた中で、よき買い物をしたと思っているでしょう。

VISION-S

アマゾンは自社の物流事業でも、自動運転技術を活用していくでしょう。トラックはもちろん、ドローンに関しても、これまで物流業界の先駆者として歩んできたサービスに自動化を導入することで、コストダウンなど、さらなる顧客ファーストを実現していくのは間違いありません。

物流ではどうしても事故が発生しますから、ドライバーに対する損害賠償を考えても、自動・無人化は大きなメリットがあります。さらに私が注目しているのは、アマゾンはおそらくそこでは終わらないだろうと。自社の物流事業の自動運転化で得た知見を、ロボタクシーであったり、他の事業に展開していくと見ています。

アップルも参入しています。車の開発は中断したと報道され、自動運転の技術そのものに注力といわれており正式なアナウンスはありませんが、カリフォルニアでは自動運転実験を行う際、ライセンス発行が義務化しており、その上位に入っていることが多いからです。ただ具体的に何をやろうとしているのか、どのようなサービスを考えているのか。この点については、現在、分かっていません。

おそらく、他のGAFAが手がけているので防御策として行っている。あるいは新しいビジネスソースとして捉えている。中でも私が考えているのは、アップルが考える最適な移動を実現するための実験との位置づけではないか、ということです。

新しい移動手段では、すでに体現している企業があります。ソニーです。ソニーのカメラセンサーシステムはハイクオリティであり、そのアセットをふんだんに活用した「VISION-S（ビジョンエス）」というモビリティを、2020年の1月に発表しました。

モビリティ業界やそれに付随するエンタメ業界は他の業界から見ても、ドル箱に映るのでしょう。今後も自動車とは関係のない業界からの参入が続くでしょうし、悪くない判断だと思います。

ロボタクシーが普及すれば、有人ライドシェアの存在意義は小さくなりますから、ウーバーならびに同事業に携わっている関係者は、相当警戒しています。ウーバー自身がロボタクシーの開発を急ぐのもその理由です。ただ、すでにウーバーのライドシェア自体は先進国では当たり前であり。ウーバーのライドシェア事業参入でもめている日本は、世界と比べるとさらに輪をかけて遅れていると言わざるを得ません。

ウーバーへの驚異は、ロボタクシーだけではありません。新型コロナウイルスです。ライドシェアが普及していく状況に待ったがかかったからです。誰が乗ったか分からない車両は危ない。ましてやウーバーのドライバーはタクシー会社のドライバーとは異なり一般人ですから、それこそ消毒の徹底が保証されていません。ウーバーに限らず、シェアリングサービスは、今回の新型コロナウイルスで相当打撃を受けています。

矛盾するようですが、一方で、新型コロナウイルスの影響はそこまで大きくないとも感じています。清掃や消毒をきちんと行えば解決するからです。ロボタクシーでは、自動消毒機能のようなサービスが出てくれれば、ウィズコロナの時代になったとしても、十分成長していくでしょう。

自動車メーカーが淘汰される

ウーバーが淘汰され、ロボタクシーが一般化した未来では、車の台数は今よりも劇的に減ります。先の95％で考えれば、単純に20分の1でよいことになりますから、極端に言うとこれまで年間100万台ほどを生産していた自動車メーカーの生産台数は、5万台に激減。自動車メーカーは合併と縮小を余儀なくされるでしょう。

そのため自動車メーカーがロボタクシー事業に参入する動きもあります。GM（ゼネラルモーターズ）です。自動車業界では2010年ごろから、自動運転技術が確立されたら自動車メーカーは終わりだとの危機感が長きにわたりありました。さらにGMは一度リーマンショックで倒産を経験しています。そのため伝統的な大企業ですが、アクションを起こしたのです。

MIT卒の優秀な人材が創業したCruise（クルーズ）というベンチャーを買収しました。当時、クルーズは売上がほとんどないような状態でした。そのような企業に1000億円も投資するなんて馬鹿げているとの批判もあったようですが、GMとしてはそれほど危機感が強かったことが窺えます。

GM「Cruise Origin」

その後、現在はロボタクシー専用の車両GM「Cruise Origin（クルーズ・オリジン）」を開発中で、2020年の2月に車両公開も含め、プレスリリースがありました。プレスリリースによれば、2020年のうちに車両の量産化も含め、サンフランシスコ市内でロボタクシーサービスを開始すると。ただ現状を見ている限り、間に合うかどうかは疑問です。

車両価格は開発費を考えると大規模生産前には4000万~5000万円はしてもおかしくないです。一般車と比べると高額ですが、先の20分の1に当てはめれば200万~250万円ということになりますから、大衆車並みの価格設定とも言えます。ただ当然、従来の車両の20倍稼働することになりますが。

ＧＭにはホンダが出資し、車体も共同開発しています。ホンダもＧＭと同様、日本でこの先アメリカで起きているような業界の大改革が起きたときの危機対応としての、提携だと言えます。

いずれにせよ、ＧＡＦＡが自動運転というテクノロジーを武器に、自動車業界の大改革を行っている。この波に乗り遅れた旧態依然の自動車メーカーは淘汰されるか、ＧＡＦＡに飲み込まれる。この構図がこれからのトレンドです。

激変する業種⑥

建設——アマゾン、スマートホームを狙う

現時点では、建設業界は業界の壁を突破できていません。ただ今後過当競争でますます利益率が下がる可能性がある中、どこかの企業がアクション（改革）を起こすでしょうし、実際、そのような動きが見られます。

改革のキーワードの一つ目のポイントはデータです。建設業界はまだまだ人の作業に頼

る部分が多く、データ化できていません。いまだに紙の設計図が使われていますし、工程管理に関しても同じく、紙が一般的です。材料などのトラッキングにおいても、データを活用すれば、効率化ならびに利益率アップが期待できます。

2つ目のポイントは、人が行っていたオペレーションをロボットに置き換える、無人化や自動化へのシフトです。人が操作していたクレーンを自動化することができれば、実質的には24時間人力ゼロで動かすことができます。

この2つのポイントをうまく活かすことができれば、工事のコストは100分の1になる可能性も十分あると私は考えています。当然、そのような未来が実現している工事現場は、今とは異なる様相になっています。

日本の大手建設会社はこのような未来を実現すべく、シリコンバレーでさまざまな実験を行っています。該当分野に強いベンチャーを招待し、協業しようとの動きもあり、成功例も出ています。先ほどのコマツです。コマツはシリコンバレーのSkycatch（スカイキャッチ）というベンチャーと組み、ドローンを活用した測量の効率化を進めています。

これまで盛り土量の測定は、熟練の職人さんが行っていました。ただ盛り土ですから、正確に測りようがありません。そのため何となくの目測で行っていました。そこをカメラを搭載したドローンを飛ばし、画像で解析します。人より正確なのは言うまでもありませんし、早く、そして作業に要していた時間も人工も必要としません。

コマツは無人運転もすでに行っています。ダンプにおいては、工事現場内を無人で移動するだけでなく、どのような経路をたどれば最もタイヤが長持ちするか。独自のシステムも開発しています。

パワーショベルの自動・無人化も進めています。こちらはまだ開発段階ですが、おそらく2025年には一部実現できているでしょう。単に自動で動くだけでなく、パワーショベルには人工知能を搭載。土の属性や形状により掘り方を調整する、いわゆる熟練オペレーターの運転技術を身につけた人工知能を搭載する予定で、まさにその学習をいま行っている最中のようです。

コマツのようなハードウェアカンパニーが、シリコンバレーのソフトウェアカンパニーと協業したり買収したりするのは、かなりレアなケースです。なぜコマツは動けたのか。コマツは2002年ごろ、アメリカのライバル企業、キャタピラー社に市場を奪われた経験があります。そのときの危機感から、今のようなベンチャースピリットならびに、業界の壁を気にすることなく、積極的に動くマインドを備えたのでしょう。

他の業界から建設業界に入ってくる流れは、特にＧＡＦＡにおいては可能性は低いでしょう。利益水準が低すぎるからです。新型コロナウイルスの影響で工事が中断していることも大きいです。建設業界はかなり厳しい状況にあります。

ただデータを取りに行くとの観点から考えれば、参入する可能性はあると思っています。建設業自体もそうですが、さらに言うと家のデータです。家を大きなハードウェアだと考え、そのハードウェアに入ってくる情報を活用することで、他のビジネスに活かす戦略です。いわゆるスマートホームです。

アマゾンあたりが考えていると見ています。２０２１年にはグループ会社から小型ドローンで家の中を監視できる製品「Ring AlwaysHomeCam」を発売される予定ですし、家の中の商品はすべてアマゾンが扱う品で占められている。居住を始めてからも、ネットショッピングはアマゾンに限定。その代わりに通常よりも10％オフで購入できるなどの特典をつけることで、居住者にベネフィットを与える、名づけてアマゾンホームです。

ヘルスケア――アップルウェルネスセンター誕生!?

●ウエアラブルデバイスが健康状態を常にチェック

ヘルスケア領域への参入もGAFAは行っています。キーワードはデータ・クラウドです。現在、病院に行くとまずは問診票を書かされます。その後は検査。ただその多くの情報(データ)は、病院に行く度にアナログ的に記入する必要はありません。

たとえばアップルウォッチが活躍する余地があります。常日頃からバイタル情報を測定し、情報をiPhoneと紐付けておく。病院に行った際には、iPhoneを連携させれば、それで済むからです。

時間の節約につながるのはもちろんですが、人が記入するとどうしても記憶ミスが生じますから、そのリスクも少なくなります。さらに言えば、蓄積されたデータを管理することで、これまでの受診歴、病歴、投薬履歴などを瞬時に、そして正確に確認することができます。

ヘルスケア領域への参入を公言しているグーグルとは異なり、アップルは極秘に同領域の事業を進めているため、あくまで推測ですが、アップルはこのような未来を想像して、アップルウォッチの開発を推し進めていると私は見ています。

バージョン4から心電図や心拍数の測定が可能となり、バージョン6からコロナ対策にも使えそうな血中酸素濃度測定機能の追加や医療機器の認証も取得しているのが、何よりの証しです。2020年9月には、日本でも認証を取得しました。つまり今後は日本のヘルスケアマーケットにも進出していくことを、虎視眈々と狙っていることでしょう。

グーグルも負けていません。2019年の秋にアップルウォッチと似たデバイスを開発しているFitbit（フィットビット）というベンチャーを買収することを発表。アップルウォッチと同じようにバイタルを測定し、得たデータを健康促進に活かすためのグーグルヘルスというサービスを展開しています。

すべての人がアップルウォッチやフィットビットのような、ウエアラブルデバイスを身につけている。そしてそこから得られた健康データを元に、ヘルスケアサービスを受ける。そんな未来がこの先訪れるのです。

ウエアラブルデバイスのメリットは他にもあります。常に自分の健康状態を把握できますから、数値が悪い人は意識的に運動するようになるでしょう。あるいは食生活を見直すなど、健康への意識が高まることが期待されます。

ヘルスケア領域の未来は、密接に関係のある保険業界にとっても好材料です。保険業界が危惧しているのは、保険に加入したことで安心し、健康に気を使わなくなってしまい、その結果、病気になることです。そのような人が増えると保険料は高くなります。この点においても、アップルやグーグルが行っている事業は大いに貢献していきます。その結果、保険会社がデバイスを無料で顧客に配る可能性もあると私は考えています。

現時点では、アマゾンがヘルスケア関連のデバイス、アマゾンＨａｌｏを発表しています。保険業界には参入していますから、その流れでヘルスケア領域に参入してくる可能性は大いにありますし、ライバル企業と同様、さらなるデバイス開発にも参入してくると私は見ています。

旧来の医療機器メーカーは淘汰される

医療情報のクラウド化は、日々のバイタルチェックだけに限りません。ＭＲＩなど、病院のあらゆる検査機器がクラウドにつながる必要があると考えていますし、２０２５年ごろには、その傾向が出始めていることでしょう。

たとえば、癌《がん》の疑いがある患者さんがいたとします。その患者さんは以前にも同じように癌に罹患しているのではと指摘され、数年前にＭＲＩを撮影していたとします。

その過去の画像と今回の画像を照らし合わせれば、より確実な診断ができます。そしてこのような画像の管理や提供においては、クラウドは必須のテクノロジーです。さらに言えば、癌の診断を人工知能が画像解析で行うことも、２０２５年の未来では行われていることでしょう。

さらに、多くの患者さんのデータを集めれば集めるほど、どのような属性の人がどんな病気に罹患しやすいのかといったことも、統計的に分かってきます。そこまで進めば、罹患しやすい属性に入っている人に対し、病気にかかる前に予防診療を行うこともできます。

このようにヘルスケア領域は、データサイエンスにより間違いなく進化していきます。裏を返せば、データサイエンスの力がない医療施設ならびに医療機器メーカーは、淘汰されていきます。

現時点ではクラウドにつながっているＭＲＩは少ないですが、逆に未来の医療業界では、クラウドにつながっていない医療機器は皆無になるはずです。医療機器メーカーも当然、このような未来が来ることを理解しています。

ただ医療機器メーカーのほとんどはデータ・クラウドに弱いです。そこでヨーロッパ最大のソフトウェア企業ＳＡＰなどと組んで、クラウドに対応する医療機器の開発をしています。

しかし同領域の専門家であるアップルやグーグルが、一からクラウドに特化した医療機器を開発した方が早いですし、より良いものが安くできるでしょう。テスラと旧来の自動車メーカーの開発スタイルの違いと、まったく同じ論理です。

そのため既存の医療機器メーカーは淘汰される、あるいはアップルやグーグルにＯＥＭを依頼される。そのような未来が来ると私は予測しています。

医療機器分野では、マイクロソフトも参入するでしょう。ホロレンズです。２０１９年の2月にヨーロッパで行われたイベントでは、医師がホロレンズを装着し、自動診断のデモを行っていました。

未来では医師がホロレンズのようなデバイスを装着しているのが当たり前となり、患者が入室してきたら、自動的に個人を特定。同時に、カルテなど診察に必要な情報が前方の空間に表示される。そんな未来が訪れる可能性は十分あります。

ユニークなところでは、アップルウェルネスセンターなる健康増進施設ができているかもしれません。ただ施設経営は利益率が低いですから、ビジネスが目的ではありません。自社の世界観を示すことが目的です。アップルウォッチと連動したフィットネスプログラムの配信も発表していますし実際、アップルは2022年にテキサス州オースティンに建設中の新社屋内にホテルを開業予定ですから、その流れでいえば、自社のヘルスケアテクノロジーやサービスを存分に利用者に提供する。そのような、アップルウェルネスセンターが出てくる可能性は十分あり得ます。

激変する業種⑧

物流——ドライバーがあなたの家の冷蔵庫まで荷物を届ける

物流業界ではアマゾンが抜きんでていくでしょう。先述したとおり、アマゾンのビジョンは顧客ファーストです。ベゾス氏にとって、そもそも業種の壁など、まったく気にしていません。

実際、すでにアマゾンはこれまで度々触れたとおり、さまざまなサービスを提供しています。

アマゾンの専用ジェット

アマゾンはもともと物流に関しては、同事業を専門に行っているFedEx（フェデックス）などに依頼していました。フェデックスは世界中を股にかけ、大型の自社専用ジェット機を飛ばすような、世界最大手の物流企業です。

ところが特にアメリカにおける運送業者のサービスは、質がよくありません。荷物を放り投げて扱ったり、定刻どおりに届かないなど、アマゾンが掲げる顧客ファーストにはほど遠いものだからです。そこでアマゾンは、だったら自分たちで行おうと。その方が、荷物が早く正確に届くだろうと。

こうして私たちが利用しているネットで注文したら翌日に届く、アマゾンプライムなど

ラストワンマイルで活躍するドローン

のサービスを拡充していきます。フェデックスと同じく、アマゾン専用のジェット機（アマゾンエア）を配備。また、アメリカではこのジェット機に加え、「アマゾンプライムエア」というサービスでラストワンマイルの配達には、ドローンも実験。配達網を自社で整備し、顧客ファーストを掲げた物流サービスを提供しています。

アマゾンのすごいところは、ジェット機やドローンを配備しただけで終わらないところです。さらにより良いサービスの質向上を目指し、現在は配達員が届け先の住宅のデジタル鍵を持つ実験的なサービスも始めています。

宅配ボックスの一歩先をいったサービスです。

宅配ボックスの鍵を預けておくのであれば、自宅の鍵でもいいだろう。ましてや冷蔵・冷凍が必要な商品であれば、それこそ配達員が家の中に入り、冷蔵庫にしまっておいた方が顧客は喜ぶだろう。アマゾンで何かを注文すれば、ここまで親切丁寧な物流サービスが受けられるかもしれないのです。

グーグルはアマゾンの物流業界でのサービスの質向上に危機感を抱いていて、グーグルショッピングと配送サービスのグーグルエクスプレスを一部統合してサービスでの質向上を目指していますが、そもそもウォルマートなど他の小売事業者の品を配達する内容ですから、一気通貫で小売りから配送・配達まで手がけているアマゾンにはなかなか苦戦しています。実際に利用してみても、アマゾンの便利さは圧倒的に感じます。

次第に、消費者はアマゾンだけを利用するようになりつつあります。フェデックスは今でこそeコマースが盛り上がっている恩恵で好調ですが、競争優位性を維持できるかはわかりません。その結果、アマゾンが物流業界の中心に君臨すると私は見ています。

第3章

11社がつくるメガトレンド②

ハードでもソフトでもなく〝体験〟が軸になる

利益0でもいい　Apple Cardの衝撃

A社はハードウェアカンパニー。B社はソフトウェアカンパニー。C社はサービス業。一昔前にあったこのような業種のくくりや壁は、意味をなさなくなります。ハード、ソフト、サービス。これら3つの領域すべてを押さえることに意味があるからです。

逆の言い方をすれば、どれか一つの領域しか手がけていない企業は、GAFAのようなコングロマリット企業に飲み込まれていきます。

ソフトウェアファーストという言葉があるように、昨今のトレンドはソフトウェアが優位なイメージです。ただアメリカはその先をいっています。ハードとソフトがあるのは当たり前、その上で顧客にどのような価値を提供できるのか。つまり、体験です。そしてこのサービス（体験）が、革命の基点ともなっています。

たとえばアマゾン。アマゾンエコーというハードウェアをつくり、アレクサというソフトウェアを開発し、AWSというクラウドサービスも提供。さらに、運送も自ら手がけている。そして運送では、アマゾンプライムのようなシステムで、顧客のハートをガッチリと摑んでいるプランを保持しています。つまり、すべての領域を押さえた上で、アマゾンらしいサービス、つまり体験を提供しているからこそ強いのです。

先述したように、彼らにとってハードウェアは、ただの箱という感覚でしかありません。大切なのは、その箱を活用しての顧客とのリレーションシップだからです。

未来の世界ではこのように、すべての領域を押さえた上で、いかにユーザーが望む体験を提供できるか。その良し悪しが、ビジネス成否のポイントになります。

体験がビジネスの基点になっていきますから、企業はいかにより良いサービスにアップデートできるかに、力を入れていきます。その表れとも言えるのが、最近台頭しているSaaS（サース）、顧客に必要な分だけのソフトウェアをクラウドで提供するサービスです。

SaaSを使い、GAFAは何をしているのか。ユーザーが頻繁に使っている機能、逆に、ほとんど使っていない機能やクレームの多い機能を把握し、改善。より良い価値、体験を常にブラッシュアップしています。

SaaSは利用者にとっても大いにメリットがあります。以前であれば高い金額を出してソフトウェアを購入する必要がありましたが、今では同等のサービスがはるかに安い金額で利用できるからです。しかもフィットしないと思ったら、簡単に解約できます。

言い方を変えれば、SaaSを利用している客は、そのサービスに満足しているということです。その結果、さらにサービスの質は高まっていきます。

体験が軸になっていく上で、触れておくポイントがもう一つあります。提供していくサービスそのもので、利益を出す必要がなくなることです。たとえばアップル。先述したとおり、アップルがアップルカードのサービスを手がけたのは、iPhoneユーザーを囲い込みたいからです。

言い方を変えると、アップルはiPhone事業で儲ければいい、という考えです。つまり、カード事業ではあくまでユーザーに快適な体験を提供するための施策なのです。さらに言えば、データを収集するためのツールであり、顧客とのタッチポイントでもあるのです。

ですから極端に言えば、アップルはカード事業の利益がゼロでもいいわけです。カード会社がGAFAに飲み込まれる可能性があるのは、そういった理由もあるのです。

ハード、ソフト、サービス、そして業種の壁も気にしない。重要なのは顧客の満足度である。このようなマインドの企業が、未来で勝ち残ります。

「売れない」は失敗ではなくなる

特定の事業で利益ゼロ、あるいは赤字でもよいとの考えでは、発売した商品やサービスが売れなくても失敗ではない、ということにもなります。

アマゾンは次から次に新しいデバイスを世に出していますが、彼らの考えはこうです。仮にそのデバイスが売れなかったとしても、ある程度顧客データが取得できればいい。あるいは、そのデバイスをきっかけにアマゾンプライムに入会してもらえればいい。もっと言えば、アマゾンプライムに入会してくれれば、結果として利益につながりますから、eコマースで販売している商品は、10%オフでも構わない。他のECサイトから見れば赤字の価格で販売することが、ビジネスモデル的には可能なわけです。

アマゾンがこのような傾向が加速してきたとみられるようになったのは、2014年に発売したアマゾンのスマートフォン、「ファイアフォン」での経験です。このファイアフォンは、まったく売れませんでした。

しかし顧客の反応を獲得することができ、次の商品への糧となった。これで、アマゾンは以降、次から次へとデバイスを発売するようになりました。

スマートスピーカーにおいては、モニターが備わったモデルもあれば、コンセントに差しこむことのできるタイプ、電球に取り付けるようなものなど、多様なラインナップを揃えています。

当然、その中からヒットするのはわずかです。でも、それでいいんです。世に出してみて評価が芳しくなかった製品は、データだけ得て、すぐに撤退する。おそらくアマゾンが世に出した製品の7、8割は大きなヒットにならず、すぐに消えているかもしれません。しかし2、3割でもヒットすれば御の字だと思い挑戦し続けるこの体制はこれからも変わらないでしょう。

膨大な研究開発費をかけて高性能なハードウェアを1つ生み出すよりも、スピーディーにデバイスを出していくことが今すべき戦略であることを、理解しているからです。

アップルにも同様の動きが見られます。もともとハードウェアに強い企業ではありますが、ソフトウェアならびにサービスを意識した事業展開を最近は行っていて、定額制まとめサービスのアップルワンやアップルカードはまさにその代表例です。

アマゾンまで極端ではありませんが、場合によっては捨て石となるような、より良いデータを獲得するためのデバイスを発売するようなことも、十分あると私は見ています。たとえばヘルスケア領域。アップルウォッチが、まずハードウェアとしてあります。ただ技術がこの先進み、家にある何らかのデバイスでバイタルデータが取得できるようになれば、別にアップルウォッチはなくてもいいわけです。

iPhoneという絶対的なハードウェアを持ってはいますが、アップルのビジョンもコンシューマの生活を向上させることですから、iPhoneに固執することなく、今後もデバイスも含めた、多種多様なサービスを打ち出していくことでしょう。開発中と言われるアップルグラスはまさにその証しとも言えます。

なぜスマホは2年契約なのか？

これまでのビジネスモデルは、高性能なハードウェアを開発し、ユーザーに長く使ってもらう、というものでした。家電、自動車、スマートフォン、パソコンなどあらゆる領域においてです。

そしてこのようなビジネスモデルは、特に製造業が強い日本が世界に価値を出すのに役立ちました。一昔前、日本の家電やパソコンが世界中で売れていたのが物語っています。

実際、日本のハードウェアは優秀ですから、おそらく今でもWindows95を搭載したパソコンも稼働することでしょう。車も同じです。数十年前のモデルでも、メンテナンスさえすれば、動くと思います。

これはこれで素晴らしい技術力だと思います。しかし日常的に使うハードウェア。スマートフォンやパソコンなどは、最新のものと比べると一昔前のモデルとは使い勝手が雲泥の差ですから、過去のデバイスを使う人はほとんどいません。

特に若者はこの手のトレンドに敏感ですから、高性能なハードウェアを長く使うとの流れは、どこかで途切れると私は考えています。

トレンドが変わったきっかけは、インターネットです。年代にすれば1997年ごろ。回線がISDNからADSLに変わり、その後は光回線に。そして今では、Wi-Fi、5Gまで出てきました。

高速回線の普及により、ソフトウェアはお店に行くことなく、保有していながらアップデートすることが可能になりました。

一方で、ハードウェアはどうしても物理的に交換する必要があります。ハードウェアに搭載された半導体を、最新のものに変える必要があるからです。そのため必然的に、ハードウェアの買い替えリサイクルが短くなってきており、この流れはこの先さらに進みます。

スマートフォンの契約が2年単位なのは、まさにこのようなトレンドを反映したものです。一昔前のガラケーであれば、3年に1度機種を変えれば、それなりに使えていました。しかし次々と新しいソフトウェアにアップデートされていくスマートフォンでは、3年では遅すぎるのです。

そもそもガラケーのころには、機能追加やソフトウェアのアップデートといった概念そのものがほぼありませんでした。

デバイスに関しても、携帯キャリアとメーカーが話し合い、作られている状況でした。そのような世界を破壊したのが、アップルのiPhone、そしてアップルストアです。

iPhoneを初めて手に取った多くの人が驚いたのは、それまでのガラケーのように電話だと思っていたら、実は小さなコンピュータだった、ということです。パソコンですから、当然ソフトウェアを搭載し、アップデートしていく。見た目や名前は携帯電話ですが、その実は、まったく新しいデバイスであったわけです。

このことを示すユニークなエピソードがあります。あるテレビ局のアナウンサーがiPhone発売を取材したときの解説です。電話なのに、ウェブサイトも見られるし動画も見られる、音楽も聴ける、と。一方、トレンドに敏感でテクノロジーを理解していた孫正義氏のコメントは、これは手のひらに入るパソコンです、というものでした。

そしてクラウドの台頭により、ソフトウェアのアップデートはより頻繁となり、結果としてハードウェアの交換頻度はさらに短くなっていきました。

つまりスマートフォンの2年契約は、契約更新の度にハードウェア、つまり半導体を最新のものにアップデートしてください、との意味も込められているのです。

つまり極端な言い方になりますがハードウェアは2年もてばいいわけです。性能が悪いとまでは言いませんが、5年、10年もつようなスペックは必要ありません。

逆に、安価だけれども2年はしっかりと動く。そしてその間も、アップルストアを利用し、常に最新の機能や体験が味わえる。このようにソフトウェアの価値はますます高まっていきますから、ハードウェアの性能だけに固執しているメーカーは、淘汰されていきます。

インターネットに簡単につながり、いつでも最新のソフトウェアが手に入るハードウェア。これが、これから必須の特徴です。

この流れは、パソコンやスマートフォンに限りません。自動車などにおいても、です。実際、GAFAが開発しているのはそのようなデバイスであり、2025年ならびにその先の未来では、このトレンドはますます高まっているでしょう。

5年後、PCだけがメインのデバイスではなくなる

2025年にはパソコンがメインの役目を終えている可能性があります。すでに現在においても、パソコンの販売台数の伸びも鈍化しています。

そもそもなぜ私たちはパソコンのキーボードをここまで使っているのか。一言で説明すれば、慣れの部分が大きいです。過去の遺産、タイプライター時代のレガシィを引きずっているだけなのです。キーボードの羅列は、タイプライター時代に作られたものです。確かに慣れ親しんでいる人にとっては使いやすいでしょうが、この羅列も含め、そもそもキ

ーで文字を打つという行為が、これからの未来において最適なのかを考える必要がありま す。ソフトウェアキーボードの方が入力が速い若者も出てきていますし、音声入力や後述 する脳波から文字を打つ「ニューラリンク」のようなものも研究中です。

既存のパソコンが衰退するとして、どのようなかたちになるのかを考えてみましょう。 まず、最適ではないといっても慣れ親しんでいる人が多いため、大きな画面ならびにキ ーボードはしばらくこの先も使われます。

ただし、パソコンに高性能なコンピュータを積む必要はありません。スマートフォンで 十分だからです。そこでスマートフォンの画面や操作が、これまで使っていたディスプレ イやキーボードで行えるような、スマートフォンを接続するパソコンが出てきます。実際、 すでにそのようなモデルが発売されています。

次の段階は、アップルウォッチなどがスマートフォン並みの性能を持つようになり、ス マートフォンがいらなくなります。そしてこのあたりのデバイスの変化やトレンドは、ガ ラケーからスマートフォンに変わったように、何か突飛に新しいデバイスが出てくる可能 性が十分にあります。個人的には、スマートフォンの画面を見るのもキーを打つのも手間 だと考えているので、マイクロソフトのホロレンズのような、メガネ型のデバイスが進化することを望んでいます。

メガネ型のデバイスを装着すれば、今スマートフォンで行っているような動作がすべて、目の前のMR空間で、キーボードで文字を打つようなことをせずにできる未来です。

いずれにせよ大切なことは、ハードウェアの性能が良いとか悪いとか、同じくソフトウェアの性能がどうなのか、そのようなことが本質的な問題ではない、ということです。

もちろんハードウェアに関してはデバイスですから、見た目や触り心地など重要なポイントは残りますが、それよりも大事なことは、いかに使いやすいか。ソフトウェアにおける体験が重視されていきます。

そして体験は利用者のフィードバックにより高まっていきますから、インターネットによるアップデートが必須になります。

すでにこの兆候は見られます。パソコンの価格がどんどん安くなっているのは、その証しです。グーグルが発売しているクロームブックの価格は2万～3万円です。インターネットにつながってさえいればよい、高速通信に対応できる半導体さえ搭載していればよい。このように割り切った上で他の機能を削ぎ落としたから、この価格が実現できているのです。

車は2カ月ごとに性能がよくなる

テスラの車両もいい例です。インターネットでクラウドとつながっていて、およそ2カ月ごとにソフトウェアがアップデートされ、機能追加が施されていきます。そしてその度に、性能がよくなっています。

バッテリーの減りが遅くなり、充電回数が少なく済むようになったり、ブレーキの性能がアップしたり。ガソリン車では絶対にあり得ないような質向上を、ソフトウェアをアップデートすることで、いとも簡単に実現しています。

未来の車はすべてテスラのようになると思いますし、逆の言い方をすれば、インターネットにつながっていない、アップデートできない車は、この先淘汰されていくでしょう。

ソフトウェアのアップデートだけではありません。テスラではハードウェア、半導体の交換も定期的に行っています。未来の世界では一般化しているであろう自動運転ですが、まさにいま進化が進んでいる分野ということもあり、数年経つとどうしても半導体が最新の自動運転技術に耐えられないからです。

ただパソコンやスマートフォンと異なり、自動車はそれなりに高額ですから、ハードウェア、つまり車両本体をまるまる変えることは難しいです。そこでテスラでは、自動運転に関するコンピュータの部分だけを変えてくれます。パソコンに車両がついているとの感覚のテスラだからこそできるサービスでもありますが、利用者にとって、価値の高いサービスであることは言うまでもありません。

テスラの動向を見ていると、自動車メーカーという感覚がないように感じます。そもそも展開している事業が違うのでは、そう思えるほど旧来の自動車メーカーとはあまりに異なるからです。

お客様がいかに気持ちよく自動車を利用できるか。ハード・ソフト関係なく、車両を活用した心地よい体験ができるかどうか。この点に着目してビジネスを進めているからです。そのため特に自動車の性能と関係ないサービスも、テスラには多く備わっています。

テスラだけではありません。宅配ピザチェーンのピザハットとトヨタ自動車が協力して、走行中にピザを自動で焼く自動車の構想を披露しています。実用化されれば、これまでよりも短い配達時間で、かつ自動的に焼くわけですから、人件費の削減にもつながることでしょう。

無人運転が一般化すれば、乗客は運転手に気を遣う必要がなくなりますから、特に長距離移動の無人タクシーなどにおいて、車内でカラオケができるような機能が備わることも十分考えられます。

従来の自動車メーカーは、エンジンの性能やクッションの座り心地、ハンドリングなど、性能向上にばかり目がいきがちでした。これは技術が進化しても同様で、電気自動車においては、モーターの性能ばかりに着目しがちです。

現に、他の自動車メーカーからはテスラは乗り心地が悪いといった指摘を受けています。しかし私は、これからの自動車の着目点は、そこではないと考えていますし、テスラが正しい方向に進んでいると思っています。

テスラが自動車メーカーのベンチマークになることは間違いないでしょう。それは、時価総額や売れ行きを見ても明らかです。

もちろん従来の自動車メーカーの中にも、テスラのようにアップデートできるタイプの車両が今後のスタンダードになることを考え、必死になって開発をしているメーカーもあります。メルセデスやBMWです。

一方で、国内の自動車メーカーを見ると、以前のソニーと同じように、ハードウェアエンジニアの存在感が強すぎるため、トレンドから乗り遅れています。そのためトレンドにも敏感で優秀なソフトウェアエンジニアがいたとしても、経営層にソフトウェアの分かる人がいないか少数のため居心地が悪くなり、去ってしまう。これが、今の日本の自動車メーカーが苦しんでいる原因でしょう。

ただあらゆる自動車メーカーの車がテスラのようにアップデートされるのが当たり前の世の中になる。２０２５年には間に合わないかもしれませんが、そのような未来になるでしょう。

テスラが「広告費０・ディーラー０」でも売れる理由

テスラが従来の自動車メーカーと異なる点は、まだあります。テスラでは、ディーラーがほぼ存在しません。ショールームのような場はありますが、そこはあくまで車両やサービスを紹介しているだけで、購入は基本オンラインのみでの受け付けとなっています。

広告費も一切かけていません。雑誌でも、テレビコマーシャルでも、テスラが宣伝しているのを見たことはありません。ブランディングはすでにテスラを乗っているユーザーの動向ならびに口コミだと捉えているからです。先述したとおり、ハリウッドセレブなどがこぞって乗っていることが、まさに宣伝になっています。

ブランディングという観点であえて取り上げるとすれば、これは利用者の利便性を考えてのサービスだと思いますが、充電ステーションや駐車スペースが、使いやすい場所に設けられています。

電気自動車が普及しない理由の一つに、充電ステーションの不備があります。これまで同事業は、国や電力会社が行っていましたし、誰もがそれが当たり前だと思っていました。ところがテスラは、自前で充電ステーションを設置していきました。それも大手ショッピングモールの入り口付近、スターバックス、高速道路のそば、など。利用者があったら便利だと思う場所に、次々と開設していきました。

さらに初期ユーザーは充電料金が無料となるサービスまで提供。有料になってからも、フル充電で500円ほどと、ガソリン車と比べると圧倒的に燃料代が安いです。駐車スペースには動画などで快適に車内で過ごせるよう無線LANも備え付ける構想が出ています。

広告もディーラーも存在しないテスラですが、ユーザーとの接点やコミュニケーションにおいては、かなり重視、注力しています。ソフトウェアのアップデートの際には必ずメッセージが届きますし、そのほか定期的に連絡が来ます。

ソフトウェアのアップデートに関するメッセージでは、次のようなものもありました。シカゴを大寒波が襲ったときです。電気自動車は寒さに弱いですから、テスラは事前に気象予報を察知し、対応策を準備。大寒波が来ても、充電効率が落ちないシステムを開発。そのシステムをアップデートした方がいいですよと、該当地域のユーザーに発信したのです。

半導体を交換するような大掛かりなメンテナンスにおいても、ディーラーはありませんが、対応・コミュニケーションはスムーズです。交換が必要なユーザーに、まずメッセージを送ります。

ユーザーは都合のよい日と時間帯を連絡すれば、その日時にテスラのサービスマンが直接、本人の元に来てくれます。そしてその場で、交換してくれる。あるいは他の修理など、その場で直らないと判断した場合でも、持ち帰るなどの対応をしてくれます。

こちらから連絡を取る場合のコミュニケーション方法もユニークです。ウーバーのようなアプリが備わっていて、どこにサービスマンが常駐しているかひと目で分かり、利用者は近くのサービスマンを呼べばすぐに来てくれます。

代理店が存在することで、当然ですがその代理店で働く人、事業所というハード維持のために、それなりの費用がかかります。特に大手自動車メーカーでは、ともすると代理店の方が力を持っている場合もあります。テスラではそこにかかる費用や労力をカットし、その分をユーザー体験の充実に充てているのです。

ソフトウェアのアップデートは、テスラユーザーにとってはとても楽しみです。実際私も、2カ月ごと、メッセージが届く度に「今回はどんなサービスが加わるのか」とワクワクしています。

そしてソフトウェアのサービスにおいても、テスラは他の自動車メーカーとは異なり、ユニークなものが多いです。いくつか紹介します。

スマホによる遠隔操作

車に乗っていなくてもスマートフォンで車両を操作できる機能です。まさにラジコン感覚で車を動かすことができます。動かすだけではありません。窓の開け閉めやエアコンのスイッチオン・オフなども可能です。自動運転機能も備わっていますから、雨の日などは玄関の目の前に車を呼び寄せることができます。そして乗った瞬間から、車内は快適な温度に保たれています。

現時点では敷地内など、私有スペースでのみの利用となっていますが、いずれは公道でも広がっていくことでしょう。

モニターが季節によって変わる

グーグルはクリスマスやお正月といった季節やイベントの際、そのイベントを意識したインターフェイスに装い、利用者を楽しませてくれます。テスラもまさに同様のサービスを展開しています。

たとえばクリスマスの時期には、車内のモニターがクリスマス仕様に変更できます。それだけではありません。道を曲がろうとウインカーを操作すると、音が通常のチッカンチッカンではなく、クリスマスらしい鐘の音色に変わっていたりします。

ドッグモード

遠隔操作による車内の空調設定に、自動調節機能が付随したサービスもあります。「Dog Mode（ドッグモード）」です。名前の由来は、アメリカでは車内にペットを置いておく人が多いためです。真夏では、車内はかなりの高温になりますが、同機能があれば車内の犬は快適に過ごせる、というものです。

ただペットを置き去りにしていると、動物を虐待しているとの誤解を生みかねません。そこで同サービスの利用中は、外部に見えるスクリーンに「今ドッグモード中です」との表示がされます。

真夏の暑い日に子どもが置き去りにされ、不幸な事故が起きるとの報道が度々されます。アメリカでは子どもを車内に置き去りにすることが法律で禁止されているので現時点では難しいですが、いずれはドッグモードが広まることに加え、遠隔監視・操作も付帯すれば、子どもの見守りのようなサービスに発展する可能性は十分あります。

エンターテインメントが充実

ユーチューブ、ネットフリックス、スポティファイといった動画配信ストリーミングサービスも、ソフトウェアのバージョンアップにより実装されていったサービスです。実際、私も空港の送り迎えのときなどに、車内で待つ時間が長くなることがあり、その際に利用しています。

ゲームも充実しています。マリオカートのようなゲームが車内のモニターで楽しめます。テスラのすごいところは、実際の車のハンドルやアクセル・ブレーキを、ゲームで使うことです。

もちろん停車しているときにしか動作しませんが、特に子どもにとっては、リアルな車でゲームが楽しめますから、楽しくて仕方がありません。従来の自動車メーカーからすれば、くだらない、必要ないと思うサービスかもしれませんが、子どもも心をくすぐる、遊び心のあるサービスも、テスラが多くのユーザーから支持されている理由だと私は思っています。

ベジタリアンが実は持っている〝わがまま〟

「既存のシステムに頼るな」という言葉があります。今あるシステムや常識が絶対に正しいわけではない。常に疑う必要がある、との意味です。

この言葉を実践しているのが、インポッシブル・フーズです。これまでもベジタリアンフーズを製造している企業はありました。ただ、インポッシブル・フーズのような食感はありませんでした。多数のベジタリアンの目的は、肉を食べないことではなく、家畜を殺さないことなど環境への配慮ですから、大多数は我慢して食べていたわけです。

でも中にはもちろん、お肉のおいしさ、特に食感を好む人だっているわけです。このまるで本物のお肉のような、これまでベジタリアンが我慢していた肉の食感を、インポッシブル・フーズの大豆肉は実現しました。まさしくゲームチェンジャー、これまでの常識を取っ払ったのです。

本物のお肉のような食感を味わえるとの体験が、目的を達成しながら、できるようになったわけです。当然、ベジタリアンから支持されます。

インポッシブル・フーズの取り組みは、肉の食感だけでなく、食料問題、環境問題、貧困問題という、3つの大きな社会課題解決にも貢献しています。まさに昨今のトレンドであるESG（環境・社会・ガバナンス）まで実現してしまったのです。これまでの業界や境界の壁を意識していないからこそ、実現できたと言えます。

現在ではアメリカのみでの展開のようですが、おそらく内実ではパートナー企業などを通じ、海外でも販売すると思われます。

つまりこの先の、世界の食産業を変える可能性があると私は見ています。農家の雇用がなくなるのが問題だと指摘する人もいますが、私はそうは思いません。逆に、無理やり雇用を維持する方が、当事者だけでなく、国も不幸になると考えるからです。

それよりも今後人口爆発で食料不足が問題視されているのですから、その解決策になり得るだろうと。

インポッシブル・フーズはテスラと似ているとも感じています。電気自動車が出始めのころは、単にエコな乗り物であることが、コンセプトでした。そのため見た目はイケてない、走行距離も短い、それでいて充電時間は長いし、価格もガソリン車と比べると高い。

でも環境に優しいなら、我慢して乗るかと。

過去のベジタリアンフードと同じく、ユーザーは我慢して乗っていたわけです。そしてこのような我慢が、常識でした。ところがその常識を、テスラは取っ払いました。エコでありながら、見た目もかっこよく、スピードも速い、充電も含めたサービスも充実している。体験として満足する電気自動車を開発したのです。

業界や領域に固執していると、その中でのしきたりや固定観念に縛られてしまい、ユーザーや市場が求める本質的なニーズとはズレた商品やサービスを提供してしまっている例は、多くあります。

たとえばつい先日、日本でも有料化が決まったスーパーマーケットのレジ袋は似ているところがあります。いま行っている事業やサービスが、ユーザーのニーズにフィットしているのかどうか。ハード、ソフトどうこうではなく、その先の体験に基点を置いた企業が、これからの未来をつくっていくのです。

Zoom利用者、コロナ禍の20日で1億人増

未来の世界を創造する企業にとっては、ハードウェアもソフトウェアも手段でしかありません。大切なことは、いかにお客様のニーズを汲み取り、マッチしたサービスを届けるか、だからです。

このことを話すときに私がよく取り上げるのが、ドリルの話です。ドリルを売ることが重要ではなく、穴をあけることが問題解決であり、ユーザーが求めているニーズであると。

新型コロナウイルスをきっかけに大躍進したZoomも、まさにお客様のニーズをしっかりと把握し、成長を遂げている企業の一つです。先日、私が所属するDNX Ventures主催のイベントに、ZoomのCEOであるエリック・ユアン氏を招き、講演してもらったときに、まさにそのような内容を話してくれました。

エリック氏は次のように言っていました。「我々の目的は人と人とのコミュニケーションをサポートすることだ」と。

エリック氏はもともと、Zoomと同じくビデオ会議アプリケーションを手がける、

図表1 コロナ禍でのZoomと同業他社の利用者数の比較表

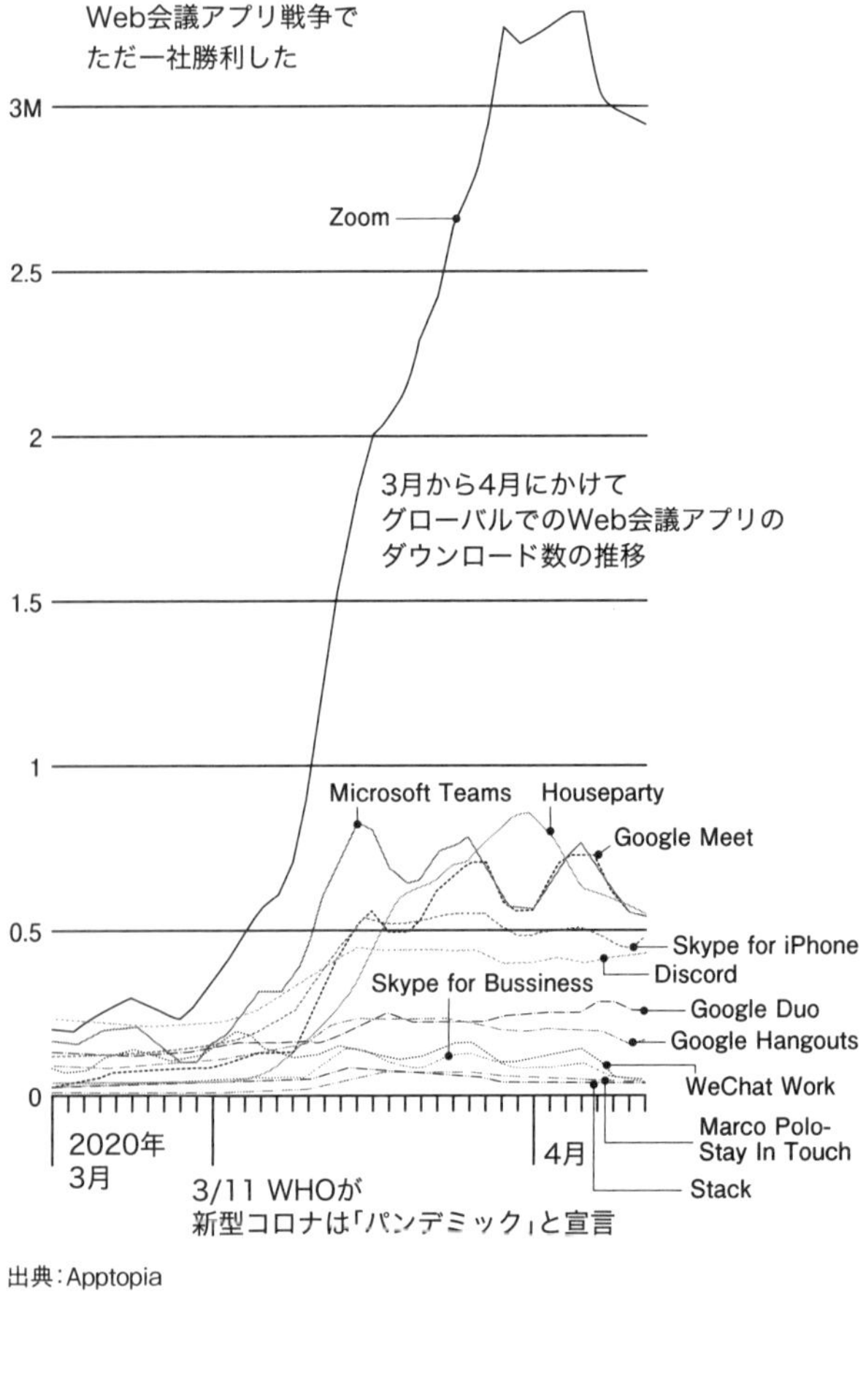

出典：Apptopia

Cisco Webex（シスコウェブエックス）でエンジニアをしていました。しかしあるとき、同社での開発に限界を感じます。このまま同社のプラットフォームで開発を続けていても、ユーザーが真に満足するサービスはつくれない。こうして、Zoomを創業します。

このような想いからなのでしょう。Zoomは利用時にアカウントが必要なかったり、モバイルでも快適に動作します。どこでも気軽に、とにかくサクサク使える。一方、シスコウェブエックスやスカイプなどの同様のサービスは、アカウント作成や設定など、利用を開始するまでにするべき工程が多い。端的に言えば、面倒くさいのです。

パソコンにかかる負荷がかなり低いことも、ユーザーから支持を集める理由でした。そして今回の新型コロナウイルスによるリモートワーカーの増加で、利用者が急増（図表1）。ピーク時は20日で利用者（重複を含む）が1億人も増え、現在の利用者は3億人を超えているとの報道もあります。ライバルと比べるとその利用率は圧倒的で、時価総額も2兆から7倍の約14兆円にまで高まり、老舗企業のＩＢＭの時価総額を抜いています。

現時点では、Zoomのビデオチャットはとても使いやすいツールです。ただ、この先どうなるかは分かりません。そしてそんな先の未来まで、Zoomは見据えていると私は思っています。

　人と人とをつなげることがビジョンですから、ＶＲやＡＲのようなサービスも当然注目しているでしょうし、フェイスブックならびにメッセンジャーのようなサービスにも、興味を持っているに違いありません。

　つまり一見するとライバルは１９４ページで示した表で対比されている企業のように思えますが、今後の展開によっては、フェイスブックのような領域のサービスを手がける企業になることも、考えていると思うからです。

　もう一つ、エリック氏が素晴らしかったのは、シスコの既存プラットフォームで追加機能として開発するよりも、ゼロから自分で手がけた方が早く、そしてより良いものが作れる。そのような判断をしたことです。これはＧＡＦＡが新しいサービスを加えるときに積極的に買収を行っているのと同じ感覚です。

　このままの状態で現在のビジネスが進んだら、どのような未来が待っているのか。よくない未来だった場合には、経済学でいう「サンクコスト（埋没費用）」にとらわれずにアクションを起こす。このような選択も、これから先の未来をつくっていく企業の特徴です。

　フェイスブックの側に立てば、Zoom はライバルである一方、これまでの流れから分かるように、自分たちに必要なサービスだと思っているでしょう。おそらく、喉から手が出るほど欲しいはずです。実際、買収オファーも出しているでしょうし、戦略的にも正しいと私は思います。

ただ今回の急成長により、あまりにも企業価値が高まりました。フェイスブックとしては、新型コロナウイルスの前に買収しておけばよかった、経営陣はおそらくそう考えていることでしょう。

スマートスピーカーは「声」すらかける必要がなくなる

アマゾンエコーなどのスマートスピーカーは、まさしくハード・ソフトウェアというよりも、利用者の体験にフォーカスしたデバイスであり、サービスと言えます。アメリカでは多くの人が使っていて、一番人気のアマゾンエコーだけで、1億台以上という販売数です。つまり単純計算でアメリカ人の3人に1人は、アマゾンエコーを使っていることになります。

日本での利用も少しずつですが増えてきていますから、２０２５年の未来では、人工知能を搭載していないスピーカーは、少なくなるでしょう。言ってみれば、一昔前のラジカセにＣＤやカセットデッキが当たり前に装備されていたように、スピーカーとＡＩはセットになっているでしょう。

スマートスピーカーは声をテキスト化し、その言葉を判断しますが。その先の未来では、言葉すら発する必要がなくなるかもしれません。ジェスチャーです。カメラやセンサーを搭載することで、手を上げると、ステレオのボリュームがアップするようなイメージです。

家電が人工知能を備えることは、スピーカーに限りません。エアコンや照明も同じです。最初はスマートスピーカーに光量を指示したり、ジェスチャーで指定するかもしれません。しかし次第に人工知能が、利用者の好みを判断。特に指示を出すことなく、その時々で最適な温度や光量に、自動で調整してくれます。同じことが、テレビのボリューム、お湯の温度などでも当てはまります。

言ってみれば、家にコンシェルジュがいるようなものです。いや、家族一人ひとりに専用の秘書がつくような感覚といった方が正しいかもしれません。

そしてＡＩコンシェルジュは快適な住環境だけでなく、他のアドバイスもしてくれます。

グーグルカレンダーに記載しておいた内容を、人工知能が判別。本人がその予定を忘れていると判断したら、スマートスピーカーと連動し「今日は○時から○○の予定です」とアナウンスしてくれる。

電車の遅延や道路渋滞といった情報をキャッチしたら、早めに出かけるように声がけもしてくれるでしょう。混雑していない経路を案内してくるようなことも、可能になっていると思います。

人工知能はまだまだ進化します。2025年には間に合わないかもしれませんが、2030年ごろに実現するかもしれない、ニューラリンクには大変注目しています。頭の中で考えたことをコンピュータが自動的に汲み取り、実行してくれる。これが、ニューラリンクです。

イーロン・マスク氏が研究に取り組んでいるテクノロジーで、実現すれば、「テレビをつけて」と念じるだけで、スイッチがオンになる。頭の中で練った構想などを、ドキュメントとしてプロットしてくれる。まるでSFのような世界が実現するのです。

スマートハウス・シティが当たり前に

典型的なハードウェアだとされていた、電気、水道、ガスといったインフラまわりも、未来の社会では大きく様変わりします。

具体的には、ネットで統合されます。その結果、たとえばスマートフォンで電気のオン・オフが行えたり。外出先にいながら、自宅に到着する際にピンポイントでお風呂を沸かすような未来が、当たり前となっています。

ネットにつながることのメリットはまだあります。コストです。これまでは検針員が戸別に家を訪問し、毎月の使用量をメーターを目で見て測っていた作業も、当然なくなります。その結果、使用料金は下がります。

インフラによっては、税金を投入し国や自治体が主導で管理などを行っていることも多いですから、税金の節約という観点からも、大いに意義がある取り組みと言えます。

アメリカでは、シリコンバレーにあるHOMMA（ホンマ）というベンチャーが、いま紹介したような事業に取り組んでいます。ちなみに創業者は、本間という日本人です。

スマート化は、住まいに限らず街中にも広がっていくでしょう。スマートシティの実現です。

これまでは時間によって青・赤が切り替わっていた信号機は、センサーにより車両や歩行者のあり・なしで、自動に変わるようになります。

電車の混み具合なども、車内に取り付けたセンサーで判断。混雑状況はホームに設置されたモニター、あるいはスマートフォンで表示することも可能になります。密を避けるためにも重要な情報です。

さらには乗車率が少ないときは列車の通行を抑え、逆に増加したときは増やす。このようなことも、未来の社会では人ではなく、各種センサーから得たデータにより、スマートに行えるようになっているのです。

スマートシティは、今まさに問題視されている、人材不足にも寄与します。たとえば駅前に放置されている違法駐車の自転車。現在では監視員が人力で1台ずつチェックし、場合によってはトラックなどに載せ撤去していますが、スマート化が進めば、先の検針員と同様、これらの監視員も必要なくなります。

カメラと人工知能です。街中のあらゆるところにカメラを設置。放置された自転車の持ち主や、実際に乗り捨てていった人物の顔をカメラで捉え、画像解析により本人もしくは自転車の所有者を特定。警告や罰金などのペナルティを与えることが可能です。

日本やアメリカではプライバシーの観点から2025年の未来に実現しているかどうかは分かりませんが、実際、このようなスマートシティは中国の深センなど都市部のエリアで実現しています。

深センでは街中のあらゆるところにカメラが設置されていて、言い方は難しいですが、人々は認識されています。そのためたとえば信号無視をしたら、その人物をすぐに特定できます。

そして、その場でスピーカーにより警告を促したり、常習者に対してはその人物のネット口座から罰金を徴収する。そんな未来が、すでに現実となっています。

アメリカや日本では中国のような未来にはならないかもしれませんが、いずれにしろこれまで人の目で監視していたものが、デバイス、センサーに置き換わり、ネットワークを経由して遠隔地から確認できるようになる。プライバシーの懸念を解消し、デメリットよりもメリットのほうが大きいサービスの発達。そんな未来は、間違いなくすぐそこなのです。

第4章

11社がつくるメガトレンド③

データを制するものが未来を制す

データは「情報のバランス」を取るもの

データがまだまだ活用されていない現代では、情報の非対称性、不均等による無駄が多くなっています。たとえば、「激変する業種⑦」の箇所でも触れたヘルスケア領域。病院での問診票記入や医師からの問いは、医師と患者、両者に情報の非対称性があるから行われるものです。

あらかじめ必要なデータを取得・共有しておけば不均等は生じることなく、病院に行った途端にいきなり本題に入ることができます。どんな病気で、どのような治療や処方を施した方がよいのか、医師が患者に伝えるようになります。

生命保険でも同じことが言えます。保険購入に際し健康状態を申告する必要がありますが、これもまさに先ほどと同様です。その人の病歴をお互いがデータとして共有していれば、書類に記入する必要はありません。

他のデータも共有できます。定期的に運動しているかどうか。病院にかかる頻度はどれくらいか、など。圧倒的に情報量は増え、保険料を安く設定できるようなサービスを提供することにもつながります。まさに先述した、アップルウェルネスセンターが実現する未来のデータ活用です。

データ活用により情報バランスが均衡する例は、いくらでもあります。ローンなどの与信もそうです。現在は収入証明書のようなもので判断していると思いますが、そもそもその書類の内容が正しいのかどうか、場合によっては正しくないこともあるでしょう。ネット口座の残高推移や、アマゾン、ペイペイなどでの購買履歴といった生データを見せた方が、より多くの情報になります。

中古車業界も情報のバランスが均等ではありません。売り手は車についての情報を多く把握しているのに対し、買い手は車種や見た目、走行距離といった断片的な情報しか知り得ないからです。

そのため悪徳業者が事故歴を隠して販売するようなことも、十分起こりえます。そしてこのような情報の不均等が続くと、損をしている側や無駄が多い側は、サービスを利用したくなくなるため、次第にビジネスとして成り立たなくなっていきます。このような情報の非対称性による市場を経済学用語でレモン市場と呼ぶのですが、データが活用されていない市場やビジネスでは、レモン市場になりがちです。

逆に、自動車すべてに走行距離やこれまでの事故歴を正確に記録するIoTデバイスを装着し、情報が買い手にすべてオープンになれば、今よりも市場は活発になるでしょう。未来の世界では、このようにデータがあらゆる箇所で使われるようになっています。

度々紹介してきたレコメンデーションも、まさにデータを活用した未来の姿です。そしてレコメンデーションは、あらゆるデータを包括的に取得・共有することで、ますます精度が高まっていきます。その結果、ユーザーにとってベストな情報が得られるようになる。売り手にとっても無駄なく最短で商品やサービスが提供できる。そんな未来は、もうすぐそこなのです。

アップルVSグーグルのデータ戦争

データの取得ならびに利活用が盛んになった10年ほど前から、データは新しい時代の石油と言われるようになりました。石油という意味は、まず取った者勝ちである、ということ。油田でいえば井戸のような、データが出てくるタッチポイントを一度見つければ、あとはまさに油田のように、一定期間は手間がかからず湧いて出てくるという意味です。

そして石油と同じく、今の社会ならびに人たちにとって、データはなくてはならないものになりました。データを活用したレコメンデーションであったり、広告ビジネスに活用できるからです。

逆の言い方をすると、データがないと成り立たない、あるいはビジネス効率が悪くなる。そのような機会がますます増えていきます。オンライン広告はいい例です。

そこでデータの価値が分かっている企業は、過去の石油と同じように、データの取得ならびに囲い込みに躍起になっていて、この流れはこれからますます過熱していきます。

中でも2大巨頭は携帯電話のOSを握るアップルとグーグルです。実際、両者共、各種会議などでデータの取得ならびに保持に関するさまざまな施策を発表しています。

多くのデータは人々の欲求、つまり検索を介して流れていきますから、グーグルが得ているデータ量は、圧倒的です。スマートフォンにおける世界シェア8割というのも強みです。

一方で、アップルも虎視眈々と施策を打ち出しています。アップルがデータを取得している先は、iPhoneが主です。どのようなアプリがアップルストアからダウンロードされているか、など。

さらにはGPSによる位置情報、アップルペイによる決済など、かなりのボリュームのデータを、iPhoneで活用できていると思います。ただグーグルとアップルには、データの活用において現時点で大きな違いがあります。

グーグルは検索、バナー、動画などのオンライン広告に活用しているのに対し、アップルは得たデータを広告に利用していないことです。先述した現在の戦略、iPhoneへの囲い込みのために使っているからです。

相当なボリュームのデータがあるにもかかわらず、広告として多くは使わない。プライバシーを考慮してということもあるのでしょうが、これはこれで、振り切った戦略だと思います。ただ、いつでも広告として利用できる準備はしていることでしょう。

ボリュームではグーグルが圧倒的ですが、質においてはアップルが有利です。iPhoneの購買層は所得が高い傾向にあるからです。年収200万円の人のデータが10億人分欲しいのか。年収1000万円以上のユーザーのデータが2億人分あればいいのか。先の広告の件も含め、このあたりの戦略や思惑の違いも、両者のデータ取得戦争において注目している点です。そしてアップルはハイブランドな層をiPhoneに囲い込むことが、当面の戦略だと私は見ています。

アップルやグーグル以外の企業も当然、データ取得に躍起になっています。先ほど、データの取得は検索を介してされることが多いと説明しました。だからグーグルが有利だとも。そこでグーグルに対抗する企業は、グーグルを介することなく、例えば、アマゾンやフェイスブックなど直接自社のアプリに来てもらい、その中で検索をしてもらう。バーティカルサーチという施策に注力しています。

分かりやすいのは、スマホアプリのダウンロードです。自社のアプリを利用して検索や買い物をしてもらえれば、グーグルに情報が全て流れることはないからです。アプリをダウンロードすると特典がもらえる。アプリ経由で買い物をすると通常よりも割引率が高い、ポイントが付与されるなど。このようなサービスの本質は、企業側がデータを欲しいから行われているものなのです。メルカリの動きなどを見ていると、まさにこのことがよく理解できます。

逆にグーグルやアップルは、アプリ経由の課金に3割の手数料を取れるとはいえ、じかにユーザーを持っていかれると困ります。そこで対抗策を打っています。アップルが２０２０年9月にiPhoneの最新ＯＳ（iOS14）に搭載した「App Clips（アップクリップス）」

はいい例です。

アップクリップスはいわゆるミニアプリと呼ばれるもので、企業ごとに出しているアプリの機能をダウンロードすることなく、iPhone上で利用できます。多くのユーザーは、できるだけ繰り返し使わないアプリをダウンロードしたくありません。ただ利用価値が高いと判断すれば、ダウンロードします。

つまり、このアップクリップスでアプリをまずは試してもらい、その上で気に入ったらダウンロードしてもらう。いわば体験版を用意したわけです。そしてアップルとしては、ダウンロードされる前のミニアプリ状態でも情報を手に入れることができる、とのメリットがあります。

データという軸からは逸《そ》れますが、別の視点で戦っている企業もあります。ネットフリックスです。一般的には、Huluやアマゾンプライムビデオが競合だと思いがちです。ところが彼らが注視しているのは、ゲーム会社だというのです。ネットフリックスがゲームに参入することも十分考えられます。

先のドリルの話につながりますが、ユーザーはどのような行動を取り、どんな体験をいつ求めているのか。これらのことが、これからの未来では成否を分けるポイントになってくると、捉えているからです。

グーグル、アップルに限らず、データの取得戦争はこれからますます過熱していきます。

ハードは体験を届ける一つの手段でしかない

アップルがなぜアップルウォッチを出したのか。それも、ハードの質にこだわるアップルが、急いでアップルウォッチからデータを取りたいからです。別の企業、たとえばグーグルウォッチなどに先を越されるのを警戒したわけです。

アップルがデータを取得する目的のその大本はiPhoneだと先ほど紹介しました。ただこの先、iPhoneの機能を別のデバイスが備えた場合、データが取れなくなってしまう。そこで、アップルウォッチだけでなく、エアポッズなど、人が常に身につけているようなデバイスを、アップルは意識して世に送り出しています。

アップルのハードは洗練されていてかっこいいですが、極端な言い方をすると、良い体験を届け、データを取得するための手段でしかありません。そしてこの傾向は、今後ますます強くなるでしょう。

テレビもいい例です。もともとは映像コンテンツを流し、そこに広告を打つ。そのようなビジネスモデルでした。ところがこれからの未来では、動画コンテンツはこれまでと変わりませんが、利益は有料プランでも、動画に出てくる服やバッグの販売でも構わないわけです。

つまりこれから先の未来では、どこで収益を得るのかが分かりづらくなります。というよりも、どこで利益を得るのかはあまり関係がなくなってきます。そしてその基点にあるのはデータであり、データを取得することが重要なポイントになってきます。

たとえばフェイスブック。彼らはデータを取得するためのハードを持っていませんが、そのことが弱みだと自覚しています。ですからその代わり、フェイスブック内でのコメントや写真からデータを取得。そうして得たデータは広告に活用するだけでなく、eコマースでも活用しています。

インスタグラムを買収したのは、ユーザーの囲い込みもありますがまさに写真から得られるデータも欲しかったからでしょう。そうして実際、得たデータをeコマースとして展開しています。ネットフリックスでもできそうな、インスタグラムの写真に写っているバッグや洋服をクリックすれば購入できるサービスです。

日本でも同様のサービスが始まっています。気になる、食べてみたい料理の写真をクリックすると、その店の予約サイトにつながるサービスです。店での食事ではなく、ウーバーイーツによるテイクアウトも選択できます。

インスタグラムで気になったファッションやグルメが、ワンクリックで手元に届く。そんな世界の実現です。

フェイスブックはユーザーの動向をデータとして取得しつつ、お店から紹介料ももらうでしょう。ビジネスもサービスも境界は関係なく、コングロマリット化していくのです。

いま紹介したフェイスブックのサービスは、おそらくネットフリックスでも今後展開すると思われます。

本業以外でデータをビジネスに活用しようと思ったら、eコマースか広告（リコメンデーションを含める）。このどちらかしか現時点ではほぼありませんから、GAFAなどの企業は今まさに躍起になって集めているデータを活用して、この2つの事業に、より進出していくことでしょう。

ただ広告の表示は、企業のブランドイメージなどから嫌がるユーザーも多いですから、特に世界観を強く意識するアップルが今後どのような広告（リコメンデーション）ビジネスを展開していくのか、注目しています。

データの権利は誰が握るか？

データの話をすると必ず出てくるのが、「データは誰のものか」という論争です。たとえばグーグルが検索で得た膨大なデータは、匿名化されてグーグルのものとして活用されています。気づいていない人が多いですが、利用規約にさらりと書いています。

ただ多くの場合、グーグルが得たデータは無料で使えるようになっています。一部、グーグルのオンライン広告を打ちたい場合に、料金が発生します。精度が高い情報で広告が必要な場合はグーグルにお金を支払う。これが、今のデータの権利に関する構図です。

フェイスブックも膨大なデータの権利を持っています。そしてグーグルと同じように、広告に活用しています。

しかし、グーグルやフェイスブックが保有しているデータならびに権利は、もともとは私たち、つまり個人のものです。そのためヨーロッパなどでは「データは私たちのもの」的な運動が度々起こっています。

ただグーグルは冷静です。検索をはじめとして、いま私たちが使っている便利なツールの多くが無料なのは、グーグルが持つデータを活用しているからだと。データの取得や権利がこれまでどおり行えない、個人に属するように変わるのであれば、サービスが有料になることもあり得ます。そこでユーザーは、プライバシーが守られる範囲での利用を許している、という状況です。

逆の言い方をすれば、データを提供すれば、商品やサービスを安く受けられる世界です。たとえばアマゾンゴー。既存の小売店で購入するよりも、カメラやセンサーなどはるかに多くの情報を得る（利用者は提供する）代わりに、他店の価格よりも10％オフで販売します、といったこともあり得ます。

ただし、ここで紹介したのはアメリカやヨーロッパの場合です。中国では状況は変わります。中国ではプライバシーなど気にすることなく、あらゆるデータを国も企業も比較的自由に利用できるからです。ですからデータは誰のものとなれば、誰のものでもない、中国ならびに中国国民全員のもの。そのような考えや答えが返ってくることでしょう。

旅館の女将《おかみ》が出す茶菓子が変わる

データを活用することで、本業もカスタマイズしていきます。大きいのは、サービスの部分です。サービスが利用者個人により最適化していくことで、eコマースであればレコメンデーション。リアルな場であれば「おもてなし」のレベルがより高まっていきます。

たとえば旅館でのサービス。ある旅館を訪れた際、初回に用意されていたお茶菓子がどら焼きだったとします。ところが本人は甘いものがそれほど好きではなく、大阪出身ということもあり、たこ焼きが大好物だったとします。そしてたこ焼きが好きだとのデータを、旅館は初回の利用時に取得したとします。

すると、次にその旅館を訪れた際には、女将さんができたて熱々のたこ焼きをお茶菓子として出すようになっていた。男性はとても喜び、以降、その旅館を頻繁に使うようになったと。

飲食店でも同じようなことが言えます。毎回カツカレーを頼む客に、「今日は何にしましょう」と毎回聞いていたら、客は心地よくありません。このようなサービスは、これまでも行われているサービス（おもてなし）でした。

ただこれまでは属人的であり、それほど規模の大きくない個人店などに限られていました。それがデータを活用することで、どこでも確実に、誰でも受けられるようになります。

大手スーパーチェーンのウォルマートで実際にあったエピソードを紹介します。以前からビールとおむつがセットで売れるとの情報があったそうです。直感的には想像し難い組み合わせなのですが。

子どもが生まれたばかりの父親が、母親におむつの購入を頼まれ、スーパーを訪れている。その際に、自分が飲むためのビールも購入していたのだと。

ウォルマートとしては、ビールに合うおつまみや、若い父親が好む商品を揃え、さらにレコメンデーションできるようになります。つまり男性客へのおもてなしは、さらに高まっていくのです。

データの活用でよく例に挙がるのが、冷蔵庫です。今は食べ物を冷蔵保管している、言ってみればただの箱ですが、これからの冷蔵庫は何が入っているかを分析し、もう少しでなくなる食材が分かれば、自動で注文するなどの進化を遂げます。

それだけではありません。冷蔵庫内の食材の属性から、健康状態なども分析。ヘルスケア商品や、保険商品の提案などにも活用できます。

つまり未来の冷蔵庫は、食を基点として広がるさまざまなサービスを提供するための、重要なデータソースになるのです。そして実際、アマゾンがこのような冷蔵庫をつくるとの噂があります。

おもてなしは、そもそも相手のことを知らないと提供できません。そして相手のことを知るということは、情報を得て分析することです。得た情報を単に提供するだけでは、場合によっては押し付けと捉えられてしまうため、逆効果です。これはネットの広告でも同じです。

そしてこのあたりのさじ加減においても、データがあれば最適なバランスで行うことができます。それもかなり早い段階から。これがデータの持つ力なのです。

1分ごとに変化する航空券の値段

アマゾンを頻繁に利用している人や、ネットで航空チケットなどを購入する機会の多い人は、時間や期間によって値段が変わることを体験済みでしょう。ダイナミックプライシングという仕組みです。実はデータの活用により、ダイナミックプライシングの変化は、航空券では1分ごとに、アマゾンに関しては秒単位で変化しています。

eコマースでは当たり前になりつつあるダイナミックプライシングの流れは、オフラインにも訪れます。すでに導入しているスーパーもある、電子タグです。

電子タグにより、朝一番では500円で販売していたお刺し身が、昼過ぎには400円に、夕方には300円に、閉店間際には半額にまで下がるようになります。

時間帯による値引き自体は、生鮮食品を扱うスーパーではこれまでもありました。しかしこれから先の未来では、時間帯だけでなく買い手によっても値段を変える可能性が考えられます。ライフタイムバリューという考え方です。

ライフタイムバリューとは、長いスパンから見た値付けです。今の価格が通常よりもはるかに安く、その価格で販売すると赤字だったとします。一方で、その購買者の属性として、いま買うとこの先1年間買い続けることが、データから分かっているとしたら。結果として利益となりますから、赤字覚悟の金額で販売してもよいことになります。そしてこのようの計算ならびにビジネスができるのは、データがあるからこそなのです。

ｅコマースではライフタイムバリューも当たり前になりつつありますが、ダイナミックプライシングも含め、ｅコマースでの流れが、これから先の未来では電子タグの広まりによりオフライン上でも広がっていくと私は見ています。

スマートウォッチで行動がバレる

未来の世界ではありとあらゆるデバイスがインターネットとつながり、次々とデータを吸い上げていきます。すると、あることが見えるようになってきます。人の行動です。特にスマートフォンやアップルウォッチは常に身につけていますから、その人がどこで何をしているのかが、簡単に分かってしまいます。見方を変えれば、少し怖い気もしますが、私たちの行動は筒抜けになります。

実際、冗談のようなリアルなエピソードがあります。夫の健康状態を気にしていた妻が、夫が身につけているスマートウォッチの心拍数データを、自分のスマートフォンで見られるよう設定していました。すると、ある時間帯になると極端に心拍数が上がることが分かり、妻は心配したそうです。

最初はトレーニングジムで鍛えているのかとも思っていたようですが、よくよく調べていくと、心拍数が上がる時間帯は夜中の3時ごろだと分かり、これはおかしいと。さらに調べていくと、浮気相手の家で情事に及んでいたことが判明。スマートウォッチにより、不倫が発覚したというのです。

家の中や車内などでの行動は、カメラを設置しておけば一発で分かります。ただカメラではプライバシーが筒抜けになってしまいますから、代わりとして二酸化炭素の濃度で人の人数や状況を把握し、不審者の侵入を防ぐようなセキュリティシステムも出てきています。

温度センサーをつければ、快適な温度がいつでも保たれるでしょう。企業はデバイスを売るよりもデータを取得することを目的に考えれば、これらのデバイスを安く販売することもできます。あるいはデータの取得を快諾することでさらに値引きするようなビジネスモデルも十分あり得ます。

データの取得は常にある。ただそのデータを提供するかどうかは、本人が選択できるような未来です。

100万車のデータに基づく「テスラ保険」

テスラもデータを大いに活用している企業の一つです。テスラのデータの取り方は、大胆です。自社で販売した公道を走っている約100万台の車両に搭載されている、カメラやセンサーからデータを取得しているからです。そうして得たリアルなデータを、インターネットで飛ばし、自社のサーバに保存。より良い車両やサービスの開発に活かしています。

100万台から次々と上がってくるデータのおかげで、一般的な自動車メーカーが保有している、大掛かりなテストコースをテスラは持っていません。そもそも必要がないからです。というよりも、テストコースではなく実際の公道でのデータですから、データとしてより正確だとも言えます。

特に、自動運転に関する試験ならびにアップデートで、100万台のデータは活躍しています。最初から完璧な自動運転のシステムを開発できるとは、テスラも考えていません。ある程度の基準に達したら、100万台に実装。実際に公道で試してみるわけです。試してみるというと語弊がありますが、正確にはより良いソフトウェアにするために、自らのアセットを活かしているのです。

翻って、日本で同じように自動運転を研究している自動車メーカーはどうでしょうか。まず、初めから完璧なシステムをつくろうとするでしょう。そのため大規模なサーキットコースを使うなど、膨大な費用も時間もかかります。

それに加え、試験車両はテスラのように100万台も用意できるはずがありませんから、フィードバックで差が出るのは明らかです。エンジニアの質が同じだとすれば、いつまで経っても日本の自動車メーカーがテスラに追いつけないのは、明白です。両者には、データ量で圧倒的な差があるからです。

出発点が電気自動車、エンジンモーターであったテスラと、ガソリンエンジンを搭載していた旧来の自動車メーカーとの差も大きいです。テスラは最初から、データを獲得するためのプラットフォームを用意していたはずだからです。

ガソリンエンジンでも回転数などの情報を得るシステムはあるようですが、それを今から街中を走っている車両に搭載するのも、コストの観点から得策とは言えません。

テスラは得た膨大なデータを元に、自動車保険まで手がけています。「テスラ・インシュランス」というものです。テスラ車両専用の自動車保険で、一般的な自動車保険と比べ、同様の保障内容で20〜30％安くなっています。

証券はレコメンデーションされる

証券業界もデータの活用により、大きく様変わりしていきます。大きいのは、株や投資信託などのレコメンデーションサービスです。これまで、いわゆる大手証券会社はデータを使おうとしていませんでした。使おうと思えばできたのかもしれませんが、顧客のプライバシー保護という観点から、使っていなかったのです。

そのため店頭でも電話営業でもネット証券でも、株や証券を顧客にすすめる際には、これまでの購買履歴などはある程度は参考にしていたようですが、基本、担当営業マンの属人的な感覚で商品をすすめていました。

一方で、大手証券会社が使わなかった購買取引などのデータを、ロビンフッドは積極的に活用しています。さらに言えば、株取引以外のデータも活用し、利用者が好みそうな、それでいて値上がりしそうな商品を、レコメンデーションしていきます。そしてレコメンデーションの方法もアナログ的な人、つまり営業的ではなくスマートフォンを活用し、かつゲーム感覚で楽しく提供します。

ロビンフッドが業界で台風の目になっているのは、先述したようにスマートフォンで完結する従来にない画期的なシステムを提供していること。データを活用したレコメンデーションサービスを提供していること。この2点が大きな要因ですが、実はそれだけではありません。

私たちのようなVCの存在も一つの要因です。一昔前であれば、ロビンフッドのようなビジネスアイデアが出たとしても、実現できる資金がありませんでした。そのためアイデアを大企業に売るか、諦めるしかありませんでした。

それがVCの台頭により、数百億円というお金が、アメリカにおいては1000億円を超える資金が、アイデアさえ優れていれば手に入る時代になりました。つまり資金というアセットは、コモディティ化したとも言えます。では、どこで差別化するのか。ロビンフッドのようなアイデア、テクノロジー、ブランド力、そしてスピーディーに動ける機動力です。これらが、これからの時代で求められるアセットです。

第2部

2025年を生き抜く処方箋

第1章

5年後に破壊される企業、台頭する企業

サブスクリプション導入は必須ではあるものの……

これまでの顧客とのタッチポイントは、実店舗での接客であったり、もう一歩踏み込んだところで、顧客に何らかのロイヤリティを付加するポイントカードの発行程度でした。インターネットの登場が、このようなこれまでのビジネスモデルを破壊しました。

スマートフォンのアプリやオンラインの店舗があれば、24時間いつでも顧客と接することが可能になったからです。そしてこれらのタッチポイントからこれまで繰り返し紹介してきたように、顧客の情報を吸い上げ、それぞれの顧客にマッチした商品やサービスを紹介していく。つまり、顧客にとって良い体験をインターネットというタッチポイントでつながり続けることで、提供し続ける。これが、未来で成功する企業のモデルです。

そして、顧客と常につながり続けるための代表的なサービスが、サブスクリプションです。サブスクリプションの特徴は、一度あるサブスクリプションに入会したら、満足していれば顧客はなかなか他のサービスに移らない点です。

つまりこれから企業が生き残るためには、サブスクリプションをいかに早く導入し、同業他社よりも先に顧客を囲い込むことができるかが重要です。ある意味、良い質のサブスクリプションを実行したものが勝つ、とも言えます。

逆の言い方をすれば、サブスクリプションを導入していない企業は囲い込みの方法の一つを失うわけです。導入したいと考えてはいるけれど、テクノロジー的に難しい企業も同じです。このような状況にもかかわらず、日本の多くの企業を見ていると、いまだに旧態依然のビジネスモデルに固執しているところが多いと感じています。

小売りであれば、商品の良し悪しにこだわっているところが依然として多い。質の良い商品を取り揃えることはもちろん大切です。しかしこれからの未来では商品の良し悪しよりも、サービスの使い勝手、体験を重視する傾向にあります。ここがズレている企業は、確実に淘汰されていきます。

良い品を大量に仕入れ、他社よりも安い価格で販売していれば必ず儲かる。そのような時代ではないのです。

アマゾンがいい例です。なぜ顧客はアマゾンを支持するのか。質の高い商品が安く買えることもあるでしょう。ただそれはあくまで一部であり、アマゾンであれば自分の望む商品がそれなりに安い価格で、サッと買える。だからアマゾンで買い物をする。顧客の多くはアマゾンというブランドに価値を見出しているから、他のeコマースではなく、アマゾンで買い物をするのです。多くの商品が配送料無料であったり、注文して翌日に届くアマゾンプライムサービスなども、当然含まれます。

そして使い勝手の良し悪し、ブランド力を高めるためにはデータが必要であり、そのデータを取得する王道手段が、サブスクリプションなのです。

アメリカでもいまだに老舗大手スーパーで、サブスクリプションやデータを活用することなく、商品の品揃えや品質で勝負しているところがありますが、よほど尖った商品でも置かない限りこれから先、生き残っていくのは厳しいでしょう。

サブスクリプションは、顧客を1人追加したからといって、特にコストが増えない業界に向いています。というよりも、この手の業界がサブスクリプションを導入すれば、大きく飛躍するチャンスです。

具体的には、音楽、映像、ゲームなどのデジタルメディア、ソフトウェア業界など。マイクロソフトがゲーム会社を買収し続けていることやネットフリックス、アップルミュージック、スポティファイなどがいい例です。

サブスクリプションを導入すると、具体的に顧客にどのような良い体験を提供できるのか。特徴的なのは、レコメンデーションです。

趣味嗜好というのは似ている人が多いですから、ある顧客、Aとしましょう。そしてもう一人の顧客をBとします。BさんがAさんと同じような映画や音楽を好む傾向がデータから分析できたら、Aさんがこれまで観た映画や好んで聴く楽曲を、Bさんにすすめることができます。

レコメンデーションですごいのは、一般的にメジャーな人気作品以外、いわゆるニッチでロングテール的な作品やコンテンツの紹介もできることです。またレコメンデーションは、利用者が自ら検索しなくていいことも魅力です。

利用者は特に何をすることなく、サービスを利用すればするほど、自分にフィットしたコンテンツやサービス、体験が提供されますから、ますます好んで使うようになっていきます。その結果、さらにレコメンデーション効果は高まります。ここまでくると、多くの人は他のサービスに移ろうとは思いません。

サブスクリプション≠リース

サブスクリプションとリースの違いを理解していない報道を見かけるのですが、同じなのは年会費などの表面だけで、中身、サービスの本質は、まったく異なるものです。リースはただ貸しているだけ。一方、サブスクリプションは顧客に最良の価値を提供し続けることがサービスの本質ですから、データを取得することに重きが置かれています。

車におけるリースとサブスクリプションの違いで説明しましょう。リースであれば、車体そのものは新しくなっていきますが、サービスの質は変わりません。一方、サブスクリプションであれば、顧客は週末になると車を利用してキャンプに出かけ、釣りやスノーボードを楽しむことが分かった。そのような情報から、次からはアウトドアに向いたSUVを紹介する。コングロマリット的なサービスを提供している企業であれば、最新の釣り竿やボードの紹介も行えます。旅館の案内なども可能です。

このようにサブスクリプションはデータを徹底的に活用し、UX（顧客体験）を突き詰めていきます。逆に、データを活用しないサブスクリプションでは潜在性を活かせていません。

サブスクリプションサービスは一定期間の無料と有料のハイブリッドつまり両方でやるのがよいと思っています。ただ明らかに自分たちのサービスやブランドに興味を持っている顧客が多い場合には、有料プランを導入しない手はありません。

ディズニーランドやUSJのようなテーマパーク、ホテルなども含めたいわゆるエンターテインメント業界で以前からある、年間パスやバケーションクラブといったサービスも、サブスクリプションと混同されがちなビジネスモデルです。

結論から言えば、もともとは違う目的で始まったものでした。年間パスの目的は、企業の利益だったからです。年に何回来てもらえれば、これだけの利益が出る。だからこの金額にしよう。

バケーションクラブも同様です。そのためバケーションクラブでは、顧客が大勢集まる繁忙期には利用できないなどの縛りがある場合が大半です。

ただこのようなサービスでは、顧客に価値や体験を提供できていません。つまり、サブスクリプションの定義には当てはまらないことになります。

一方で最近は、年間パスから得たデータを収集・分析し、顧客へのサービスの向上に利用する動きも見られます。新型コロナウイルスの影響で閉館していたテーマパークを再開する際に、USJが取った動きが参考になります。

USJは、年間パスを持っている、大阪府に暮らす人を優先して招きました。一方でディズニーランドは、USJのようなアクションを取りませんでした。そもそもディズニーランドがデータを取得しているのか、分析しているのか。このあたりは情報がないため分かりませんが、今後は間違いなくサブスクリプション的なサービスも含め、データを活用したさまざまな価値ある体験を提供してくると見ています。

たとえば現在は利用者の申告制で得ることができる誕生日特典。データがあれば申告することなく受けることができますし、何のアトラクションに興味があるかが分かれば優先的に案内することも考えられます。

他のコンテンツとの連携も考えられます。すでにあるディズニーのサブスクリプション「Disney+（ディズニープラス）」で得たデータの活用です。その客が大好きなディズニーのキャラクターでお出迎えするといったサービスです。

グッズ販売の際には、同じくその客が好むキャラクターやグッズを中心に置くような仕掛けをすることもできます。

サブスクリプションが合わない業界

サブスクリプションが合わない業界もあります。摩耗する業界です。摩耗とは、ハードが時間の経過と共に劣化していく、という意味です。具体的には、不動産、自動車、家具などです。

スマートフォンも時間の経過と共に劣化していきますから、サブスクリプション化が難しい業界です。ただサブスクリプションが重要なことはスマートフォン会社も分かっていますから、たとえばアップルでは、囲い込みの目的でiPhoneプログラムというサブスクリプションサービスを提供しています。

同サービスは、毎年最新のiPhoneが手に入るという内容です。ただアップルも摩耗のリスクは理解していますから、他のサブスクリプションと比べると少し高額の年間7万円ほどに料金を設定。加えて現在所有している正常に動作しているiPhoneを返品してもらうことを条件としています。

サービスが充実しているテスラでも、現時点ではサブスクリプション的なサービスはありません。ただブランディングに関しての注力が強く、これまで数々の業界の常識を覆してきたマスク氏のことですから、個人的には展開していくような気もしますし、楽しみでもあります。

２０２1年テスラは、ピックアップトラック型の新型モデル「サイバートラック」を発売します。この新モデルも含め、たとえばテスラのこれまでのモデルがすべて乗れるようなサブスクリプションです。２０２５年には、サブスクリプション業界の常識を打ち破る、自動車業界初となるサブスクリプションを提供しているかもしれません。


マスク氏のような超人は別として、一般的にサブスクリプションが合わない業界は、どのようにして生き残っていけばよいのか。実は、由々しき問題でもあります。これまで紹介したようにＧＡＦＡのような企業は、簡単に業界の壁を飛び越えていきます。

たとえばサブスクリプションが通用しない不動産業界などにも、ＧＡＦＡであればサブスクリプションを導入する可能性が十分にあり得るし、できてしまうからです。

たとえばアマゾンの不動産でのサブスクリプションを想定してみましょう。不動産の収入では儲けません。アマゾンホームのような不動産を建て、他の同様の不動産より安い価格設定とします。

ただし中に置いてある家具や家電は、すべてアマゾンオリジナルのブランドとします。そして、アマゾンプライムのようなサブスクリプションに必ず加入してもらうのです。アマゾン家電をまとめて使ってもらうことによる広告効果、データ取得というメリットがあるからこそできるビジネスモデルです。

アマゾン不動産のようなサービスを展開されると、既存の不動産会社はかなりつらい状況となります。防ぎようがないため、アマゾンと協業し飲み込まれるか、あるいは他の業種に業種転換するか。やはりここでも、一つの業界に固執している企業の未来には厳しい現実があります。

本来、アマゾンのような小売事業もサブスクリプションには向いていません。顧客が増える度に、倉庫や配達車両、配達員などを増やす必要があり、コストがかさむからです。ただしこのようなコストはある一定以上の規模を超えると、全体の費用から見れば相対的に小さくなります。なので、アマゾンプライムは成り立つわけです。

中間業者は淘汰される

各種代理店業や自動車ディーラー、ライセンスベンダーや営業会社などは、一部サポートサービスが残る程度で、未来の世界では必要とされなくなる可能性があります。

伝統的な企業では、この中間業者が非常に多い、さらに言えば、それなりに力もあるため、なくそうと思ってもできない。ある大手損保会社ではオンラインサービスへの移行ができていないとの現状もあります。

自動車業界も同じです。企業の規模が大きければ大きいほど、ディーラーに限らず、大きな修理工場のような機能を抱えている場合もあるでしょう。これらのアセットが、新たなサービスを展開する際の足かせとなることがあります。

現に、これらの中間業者が存在しないテスラが、業界を淘汰し始めていることが何よりの証しです。

そうはいっても、ディーラーや代理店で働く方々も、これまでお客様のために貢献してきたわけです。時代の流れとはいえ、未来の世界で必要ないと言ってしまって終わりでは、個人的にはあまりにも心苦しい。

一方で、そのままの状態では業界全体が淘汰されることにもつながりますから、業種もしくはサービスの質を変える方向にシフトすべきだと、個人的には思っています。

イメージ的には、ショールームのような業態です。何かを直接売ったりするのではなく、お客様とのタッチポイントの場として機能したり、企業のブランディングの価値向上の醸成に寄与するような場です。

自動車ディーラーであれば、最新の、まだ市販車には搭載されていないけれども、ワクワクするような機能が、そのショールームに行くことで体験できるような。

アウディ、メルセデス、ＢＭＷ、さらには国産ではレクサスなどは、すでにこの手の空間を次々と展開しています。現在はカフェを通じたライフデザインの提案のような流れが主流ですが、レクサスにおいては、それ以外のユニークなサービスも提供しています。

体験が主な目的です。レクサスを実際に運転して、有名リゾートまでドライブを楽しんでもらう。さらにはそのリゾートで、食事なども含めた体験を提供する。このような体験を提供することで、レクサスのブランド価値を高めようとの取り組みです。おそらくこのサービスでは、リゾートから広告収入も得ているはずです。

b8ta　シリコンバレー発・小売りを大転換するベンチャー

ビジネスの大転換を小売業界で行っているベンチャーを紹介します。b8ta（ベータ）です。小売事業は店舗を借りて在庫を仕入れて、マージンをいくらか上乗せして販売する。このようなビジネスモデルでした。

ところがeコマースが広まったことで、実店舗で商品を購入する人は激減しました。その結果、実店舗では商品の手触りや動作を確認。その上で、ネットで商品を買う人が増えました。つまりこのままでは、実店舗は必要とされなくなっていきます。

そこでベータは、あるユニークな発想をします。

eコマースでは、最終的にネットショップで商品を購入しますが、そこにたどり着くまでに検索をしたり、他のサイトやユーチューブ、フェイスブックといったコンテンツに貼られた広告からの誘導で行くことが少なくありません。そして誘導した広告主は、その分のフィーを得ています。

オンラインでは当たり前となったこのような小売りビジネスの流れを、ベータはオフラインに持ち込みました。

一見するとベータは、おしゃれなデバイスを置いている、アップルストアのような外観です。ユニークなのは、置かれているデバイスをその場で販売することがメインではないことです。自動車ディーラーがショールームに変わっていったのと似ています。ベータのお店も、まさにショールームだからです。

置かれているのは、社名からも分かるように大規模店舗に置かれているような完成されたデバイスばかりではありません。エッジが立っていたり、大化けして売れそうな、話題となるような商品を意図的にセレクトし置いています。

そしてその手のデバイスを好むユーザーに見てもらい、触ってもらい、感想を述べてもらい、反応を開発企業にフィードバックします。もちろん新製品が完成した際の予約も受け付けます。

企業としては、将来的な顧客になるとの広告効果もありますし、より良い製品にブラッシュアップされる場でもありますから、ベータにお金を払い、製品を置いてもらう。そのようなビジネスモデルです。

店内にはカメラやセンサーも備わっていて、何名の客が実際に関心を持ったのか。そのうち手に取ったのは何名か。このような統計から、グーグル広告のような広告課金ビジネスも行っています。

サンフランシスコ発で、アメリカではすでに多くの店舗を出店していましたが、いよいよ2020年の8月に日本にも上陸。有楽町駅前やマルイビルに出店しています。

5年後、特に危険な8業界

テクノロジー化が遅れている、データの活用が進んでいない企業が多い業界も、これからの未来では淘汰されていきます。特に、次に挙げた8つの業界が危険です。

●小売り

すでに淘汰は起き始めています。アメリカの高級百貨店「ニーマン・マーカス」が2020年5月に破綻。同じくアメリカで100年以上の歴史を持ち、850近くもの店舗を展開する大手百貨店チェーン「JCペニー」も同時期に破綻を申請。このような流れは、今後も続くでしょう。

ウォルマートは生き残ったのに、なぜ、彼らはダメだったのか。おそらく、これだけの規模の小売店ですから、データそのものはあったはずです。ただデータは持っているだけでは意味がなく、分析・活用して初めて価値が出ます。

そのことに気づいていなかったか。あるいは気づいていたけれど、実行できるデータサイエンティストなどの人材がいなかったことが原因でしょう。

またこの手の老舗企業は危機感がない場合や、顧客がいま何を求めているかが把握できていない場合も多く見られます。

たとえば店に立ち、お客様とコミュニケーションすることや、実際に商品に触れてもらうことに価値があるといったことだけを考えるとデジタルの手段を見逃してしまいます。

エネルギー

エネルギー業界は国とのつながりも大きいですから、火力発電が時代遅れだと多くの人が分かっていても、「でも、なくなりはしないだろう」と考えるわけです。このようなマインドは未来では成り立ちません。

マスク氏のような業界の壁や常識を何とも思わない経営者が次々と参入し、業界を壊していく可能性が十分にあるからです。

テスラはすでにその動きを見せています。先に紹介したとおり、太陽光発電事業はまさにエネルギー業界への参入であり、環境への意識が高いカリフォルニア州などでは、テスラ自動車も含め、テスラの環境関連事業の推進に賛同。２０３５年からのガソリン車の新車発売禁止や税控除などで拡大を支援しています。

金融

ロビンフッドのような、店舗を構える必要がなく、かつ利用者は手数料がかからないベンチャーの台頭などにより、従来型サービスを手がけている金融会社は、淘汰されていくでしょう。

銀行も同じです。ペイペイなどの決済サービスは次から次に登場していますし、フェイスブックを使えば、アメリカでは同じように送金が行えます。わざわざ手数料のかかる、既存の金融機関のシステムを使う人は、今後ますます減っていくことは間違いありません。

ただ先述したように、賢い金融機関はすでにこのような未来をイメージしていますから、台頭してくる企業の裏方に徹していくと思われます。つまりサービス業という業態から、インフラ的な業種への転換です。逆に、このような転換ができない企業は淘汰されることになります。

ゲーム

スマートフォン用のゲームアプリを開発している企業は、この先も問題ないでしょう。淘汰されるのは、もともと家庭用のゲーム機ならびに、ソフトウェアを作っていたゲーム会社です。ネットゲームへの対応の遅れが、その理由です。

これからのゲームは、ネットにつながっていることが標準機能となります。にもかかわらず昔からあるゲーム会社は、この機能が標準でついていないことが往々にして見られます。もちろんネットにつながるゲームもあるにはあるのですが、利用者が求めているニーズは、インターネット中継で大勢の人とゲームを楽しんだり、次から次に新しいソフトウェアがストリーミングされる体験です。

つまり前述したようにハードの性能が成否を決めるのではなく、体験が重要なのです。言い方を変えれば、いくら高性能なゲーム機であっても、ネットを介した大勢の人との体験ができなければ、魅力が半減してしまうかもしれません。

ソニーと任天堂を見ていると、このあたりのトレンドに対する動きの違いが如実に分かります。ソニーはいち早く顧客のニーズをキャッチアップし、手元のゲーム機はクラウドにつながるためのエッジコンピュータと割り切って、開発が進められていきました。

一方、ニンテンドースイッチは確かにクラウドとつながりますが、常に、ではありません。さらにソニーはマイクロソフトと組むことで、クラウドに関する知見まで手に入れました。

おそらくこの先、任天堂もマイクロソフトのような企業と提携すると、私は見ています。ソニーと同じくマイクロソフトなのか。あるいはアマゾンなのか。アマゾンは月額600円程度で遊び放題のアマゾンルナを発表しています。それともグーグルなのか。アップルに関してはゲーム業界への参入も表明していますから、ゲーム業界はこの先大きな転換期が必ずや訪れます。音楽が定額制になったように、ゲームもストリーミングで定額制になるでしょう。その際の目玉コンテンツとして各社はゲーム開発会社を買収して囲い込んで競っているのです。

一つ言えることは、任天堂はファミリーコンピュータやスーパーファミコンといった製品で、業界のプラットフォームを取った実績がある、日本では数少ない企業です。そして現在、代表取締役フェローの宮本茂氏は、マリオシリーズやゼルダの伝説シリーズなどを開発した世界からレジェンドと称される稀代のクリエイターであり、彼の遺伝子を受け継ぐクリエーション能力が、任天堂にはあります。この価値を活かし、再び世界のプラットフォームを獲得してほしい。個人的にはそう願っています。音楽ではソニーはアップルに市場を取られました。同じことが任天堂に起きてほしくないのです。

システム(SIer)

アメリカではクラウドでシステムを構築するのが広まっています。一方、日本はオンプレミスがまだ主流です。またアメリカではシステムは基本内製化で、自分たちでは難しい箇所だけをSIer（エスアイアー）に頼むのに対し、日本ではエスアイアーに丸投げしている企業が多いです。

そのため、エスアイアーの言われたままにシステムの設計や金額にも応じている状況もあります。

なぜ日本のエスアイアーがクラウド化を積極的には進めないのか。従来どおりサーバを使って構築したオンプレミスなシステムであれば、永続的にメンテナンス費用が発生しますから、ビジネス的に旨味があるわけです。

一方、クラウドを導入してしまうと、当然ですがそのフィーは入りません。クラウドを運営するGAFAに、主にお金が流れるからです。

しかし先に触れたように、GAFA黒船は、日本の本丸とも言える政府基幹システムの一部を受注をするような状況です。その結果、これも先述しましたが、自治体などの公的機関のシステムはもちろん、ありとあらゆるシステムがクラウド化の流れに進みます。

クラウドと人工知能において日本の企業ならびにエスアイアーは遅れていますから、同分野での競争では劣勢です。

極端に言ってしまえば、日本のエスアイアーは自動車ディーラーや保険代理店のような、中間業者とも言えます。そして中間業者は、未来では業態転換を余儀なくされる可能性が高いです。

●家電

データ取得ができるアマゾン冷蔵庫のような家電は、これからますます増えるでしょう。

そして繰り返しになりますが、アマゾン冷蔵庫のような家電をつくるコングロマリット企業は、家電事業単体で利益を出す必要はありません。

その結果、同じスペックの家電を、家電事業単体でしか手がけていない企業よりも安く提供できます。もっと言えば、テスラのように日々利用者の利用データをフィードバックすることで、より良い家電にもブラッシュアップしていきます。どちらが生き残るかは明白です。

モビリティ／対面だけの教育

残り2つは、先ほど紹介した自動車業界、そして対面だけの教育業界です。教育においても、アプリやデータの利活用は必須ですが、対面に固執したサービスでは、それができていないのが理由です。対面もアプリなどのデータ活用も両方していかなければなりません。

資本があることはもう強みではない

企業がビジネスを進めていく上で必要な要素が8つあります。顧客、ブランド、流通チャンネル、業界の知見、ロジスティクス、サプライチェーン、ITインフラ、そしてお金です。

以前であれば、お金やロジスティクス、サプライチェーン、ITインフラといった要素は、大資本の企業しか持つことができない要素であったため、同要素に依存するビジネスにおいては、ベンチャーが大企業に勝つことは難しい状況でした。

しかし今では、顧客とブランド以外の要素は、アウトソーシングできるようになりました。つまり力の象徴であった大企業、大資本という要素は、絶対的な強みではなくなったのです。そしてこのような時代の変化を理解している優秀な人材は、特に大企業を選ぶメリットがありませんから、ベンチャーを選ぶようにもなっています。

逆にベンチャーであれば、新しい開発手法や尖ったブランディングなど、メリットが多いと感じるのも理由でしょう。

流通チャンネルであれば、アマゾンやフェイスブックが使えます。業界の知見においても、マシーンラーニングやディープラーニングといった人工知能で学習した知見が、簡単に手に入るようになりました。

ロジスティクス、サプライチェーン、ＩＴインフラも同じです。いま世の中にあるベストなサービスやインフラを、ベンチャーに限らず中小企業などでも、お金さえ払えば利用できます。

クラウドがいい例です。大企業がアマゾンのクラウドを利用する場合と、従業員10名の中小企業が同じく利用する場合。使用量、金額の差はあるでしょうが、使用するクラウドは基本的には同じです。

資金に関しても、前述したように我々ＶＣをはじめとするさまざまな機関や団体から調達できるようになりました。正直、投資資金はいま世界ではあり余っています。もちろんキャッシュを持っていることはベターですが、だからといって特段強みになる時代ではありません。

逆の見方をすると、以前大企業の強みであった規模や資本が、足かせになっている時代でもあると言えます。たとえばいわゆる大企業では、どれだけの人が働いているでしょうか。業種に限らず、数万人、中には数十万という規模のグローバル企業も少なくありません。

それだけ多くの従業員が働く企業であれば、オフィスや顧客とのタッチポイントとなる事業所も、全国各地にあることでしょう。

その結果、何かあった際に素早く動こうと思っても、動けない状況になってしまっている。何万人規模の従業員をすぐに解雇することなど、不可能です。

例えるならば、大企業でのビジネスは、タンクローリー、トラックを運転しているようなものです。一方、ベンチャーはロケットのようです。乗っている人数は少ないけれど、とにかく早い、ピボットも正確に行える。

小さいことが逆に有利に働くのが、不確実性の高い現代ならではの特徴です。プログラムの開発手法がウォーターフォールからアジャイルに変わったのも、まさに今の時代を象徴していると言えます。

大企業がベンチャーに食われないためには？

大企業がベンチャーと戦うためには、ベンチャーに自分たちのビジネスを食われないようにするには、もっと言えば自分たちの会社がベンチャーに飲み込まれないようにするには、どうすればよいのか。新しい手法や人材を取り入れること、ブランディングを強化することです。

ただこの手の施策は大改革になること。無理やり実行しても意味がないこと。そのため創業者が一代で築いた大企業、あるいはそれに近い、創業家が長きにわたり経営している企業、もしくは従業員や株主から圧倒的な支持を得ているトップでなければできません。つまりできる企業は、限られています。

そこで一般的な企業の対抗策としては、ベンチャー企業をつくる。もしくは買収します。ベンチャー企業を設立する場合には、設立時点から外部の人材を積極的に迎え入れます。そして子会社ではありますが、完全子会社のような親会社のカラーが強く出ているのではなく、企業に独立性を持たせます。親会社から人材を送る場合でも、いつか戻れる出向扱いではなく、片道切符の人事とします。

一方でやる気を感化させるよう、事業が成功したら高額のボーナスを支給するなどのインセンティブをつけます。

三菱UFJフィナンシャル・グループが、ジャパン・デジタル・デザインというフィンテックのベンチャーを設立していますが、こちらの取り組みは大いに参考になります。オープンイノベーションでも構いませんが、単なる提携や、出資だけのオープンイノベーションでは時間がかかる可能性がありますから、確信があれば買収した方がベターです。ただ大企業がベンチャーを買収する際には、注意が必要です。

大前提として、M&Aは難しいことをしっかりと認識しておきます。資金のことを言っているのではありません。ベンチャーの創業者は、自分よりも上のポジションに人がいることを嫌う傾向にあるため、マネジメントの配慮が難しい、ということです。具体的にはどこまでの裁量・権限を与えるのか、そのさじ加減です。

創業者ともめたり、折り合いがつかずに去ってしまうと、買収後の扱いがよくなかったのではという評判が広がります。逆に、残っていたとしてもそれまでのサービスやブランドが大きく変わってしまっても、評判はよくありません。

フェイスブックによるインスタグラムの買収が参考になります。この買収と創業者との確執によりフェイスブックは評判を落としました。そのため、その後のベンチャーの買収に影響しています。

一方、グーグルのM&Aは打率5割を越えることは難しいですがうまく活用できていま す。代表例は、人工知能のベンチャー、ディープマインドです。仮に、グーグルが同社を買収していなかったら、どうなっていたのか。アマゾンが買収していたら、今のGAFAの勢力図はどうなっていたのか。M&Aはそれほどの力を持っているのです。

第2章

5年後、あなたの仕事はこう変わる

5年後、必須の5つのスキル

　2025年の未来を生き抜くには、以下5つのスキルを持っておくことが重要です。個人においても、企業においても、です。言い方を変えれば、この5つのスキルがあれば、どのようなビジネスモデルでも役に立ちます。

【2025年に必要な5つのスキル】
英語
ファイナンス
データサイエンス
プログラミング
ビジネスモデルが読める

●英語

英語版のビジネスニュースが理解できる。特に、テクノロジー関連の英語による情報を理解できるレベルが最低限必要です。ウォールストリートジャーナルやフィナンシャル・タイムズなどを英語で読んでください。今であっても日本語に訳される記事はごく一部なのです。欲を言えば、論文を読めるレベルもあった方がベターです。最先端、特にテクノロジー界隈の情報は論文に書かれていることが多いからです。

たとえば最近は量子コンピュータ界隈が盛り上がっています。英語の論文を読んでいれば、量子コンピュータは何ができて、何ができないのかが理解できます。実際、私も論文は時折読んでいますが、人工知能の言語解析のトレンドが「BERT（バート）」に変わったことの詳細を知ることができました。

外国人と商談できたり、ネイティブのように流暢に話せるまでのスキル獲得には時間がかかりますが、その手前でも十分価値があります。

ファイナンス

私も持っていますが、証券アナリストの資格試験がお手軽でまとまった勉強になるでしょう。同資格自体は金融実務経験がなければ取得できませんが、問題集を勉強するだけで十分な価値があります。会計、経済学、マクロ経済学、ポートフォリオ理論、分散投資の手法、株式の動向、時価総額の理論、利益とは、など。経済人として知っておくべき知識が網羅できます。

●データサイエンス

今であればディープラーニングの意味、ディープラーニングがあれば、何ができるのか。逆に、何ができないのかといった割と一般的なことを、しっかりと理解しておく必要があります。

ディープラーニングがあれば何でも魔法のようにできると勘違いしている人がいますが、実際には現時点では既存のデータ解析に加えて画像と音声、自然言語に関する解析ぐらいしかできません。そういったことを正しく理解していることが重要です。

可能であれば、ディープラーニング界隈、データサイエンティストが腕を競い合っている「Kaggle（カグル）」というプラットフォームがあるので、覗いてみるといいでしょう。大会に出てメダルを取るようなスキルは必要ありませんが、データサイエンティストの特徴を知るにはもってこいです。

カグル：https://www.kaggle.com/

プログラミング

いろいろな言語や領域がありますが、今であればデータサイエンスに関するプログラミング言語、「Python（パイソン）」の学びをおすすめします。英語と同じように、一流のプログラマーのようにコードが書けて、サイトを構築するようなスキルは必要ありません。そのシステムはどういった仕組みのコードで、目の前のコードによりどのような動き、サービスが実際に可能となっているのか。プログラムの仕組みや価値が判断できる、そういった観点でのプログラミングスキルを身につけておくことが重要です。

最近はノーコードといって、Bubbleなどプログラミング不要でウェブアプリを開発できるサービスもあるので、それを試してみるだけでも十分価値はあります。

ビジネスモデルが読める

私たちの身の回りでよく使われているサービスが、どのような構造になっていて、どうやって利益を得ているのか。ビジネスモデルを理解している必要があります。

たとえばQRコード。QRコードの裏側では、どのようなビジネスがまわっているのか。意外と、答えられる人は少ないからです。

Zoomがなぜここまで飛躍的に成長しているのか。アマゾンの冷蔵庫がなぜ売れるのか。ビジネス界隈で話題となっている情報をキャッチアップし、さらにもう一歩深掘りして、ビジネスの内実をしっかりと読み解いておくことが重要です。

さらに踏み込んで、ミクロ経済のことが分かり、情報の非対称性であるとか、「nudge（ナッジ）」といった行動経済学までに精通しているとベターです。

ただし、この5つのスキルは、あくまで現在から5年後に必要なスキルです。そのため2025年より先の未来では、別のスキルが必要になってくることは十分あり得ます。たとえば量子コンピュータなどは、その先の未来のトレンドになる可能性が十分にあるからです。

淘汰される業界にいる人はどうしたらいいか？

これから淘汰される危険度が高い業界で今まさに働いている人は、どう対処すればよいのか。正直、答えを出すのは難しい問題です。働くということは、個人の人生観によるところが大きいからです。年齢によっても、答えは変わってくるでしょう。

ただ言えることは、会社に依存するのは危険だということです。先に上げたようなスキルを身につけ、どの業界でも必要とされる人材に成長することが、特に若い世代では必要だと私は思っています。

20代の方は大学院、それも海外の学校に行き、改めて先に紹介した5つのスキルをみっちりと勉強することをおすすめします。中でもデータサイエンスの知識は、２０２５年にでも需要はあるはずですので、まさにいま学んでおくべき必須のスキルです。

30～40代であれば、外資系企業、本書で紹介しているような企業への転職もおすすめです。外資系企業が日系企業よりも優れていると言っているわけではありません。彼らがどのような理論でビジネスに臨んでいるかを知っておくことが大事です。

そしてそのような理論を知った上で、再び日本の企業に戻ってくる、というキャリアも考えられます。パナソニックグループの樋口泰行氏はいい例です。

私は実際、日系企業のニューヨーク支店や外資系企業で働いた経験がありますが、海外ならびに外資系企業で働く人の考えを学ぶことできた、いい機会だったと捉えています。そしてビジネスモデルを読むスキルは、グーグルで学ぶことができました。

常に学び「タグ」を増やす

特定分野で秀でたスキルやキャリアを持つ人は、その分野を突き進めるといいでしょう。ただ注意すべきは、いつまでも同じ領域にとどまっていないことです。常に新しい情報を学んでいく、世の中のトレンドなどにアンテナを張る。このような姿勢が必要ですし、逆にない人は、いくらスペシャリストであっても淘汰されていきます。

新しく学んでいく分野のレベルは、自分の得意分野、スペシャリストほどは高くなくて構いません。これは先ほど説明したとおり、一定レベルの情報やノウハウを知っておくことが大事だからです。その分野における専門用語などについても同じで、何となく知っているのと、まったく聞いたことがないのとでは、大きな差があります。

ですからどんなに苦手な分野でも、これからのトレンドに必要だと感じたら、逆にそういった分野こそ、積極的に学ぶ姿勢が必要です。

このような姿勢でいると、自然と「タグ」が増えていきます。先の5つも、もちろんタグです。タグはなにも、自ら意識的に学んだり、得た学問やキャリアだけではありません。場所や生い立ちなども立派なタグです。

私を例に挙げれば、英語、投資家、テクノロジー、シリコンバレー、アメリカ東海岸など。そしてこのタグを掛け算することで、その人にしか持ち得ない、オンリーワンのバリューとなるのです。

テクノロジーに精通している人は大勢います。分野によっては、私よりはるかに詳しい方々も同じく大勢います。ただテクノロジーに詳しい方々の中で、英語に精通していて、かつシリコンバレーに在住している人となると、極端に減ってきます。

さらに投資家、元銀行員などのタグを加えれば、まさにオンリーワンなバリューとなるわけです。

タグでよく私が感じるのは、これまでのMBAなどで学んでいる人たちは、確かに経営については詳しい。ですがプログラミングやデータサイエンスに関しては、あまり詳しくない。しかし、昨今のビジネストレンドでは、これらの知識が必須ですので、最近のビジネススクールのカリキュラムも変わりつつあります。

タグを意識する際に注意する点があります。オンリーワンであることも重要ですが、社会から必要とされているのかどうか、という点です。

好きなことだけでも、社会のためだけでもいけない

淘汰される業界にいる人が別の業界に移る際や、タグを増やす際に考慮しておいてもらいたいことがあります。そのタグ追加やビジネスを行うことが、果たして本当に正しい選択なのか、ということです。

仕事を選択する際やビジネスを興す際、よく言われる言葉があります。好きなこと、得

意なこと、社会からの報酬が高いこと。この3つが重ならなければいけないというものです。

たとえば好きなことを仕事にしたとします。ただ得意ではなかったとしたら、無理やり続けていても不幸になるだけです。仕事として取り組んでしまっては、それこそ本人だけでなく、会社にも社会にとってもメリットがありません。

社会からの高い報酬も注意が必要です。少し観点がズレるかもしれませんが、ボランティアがいい例です。困っている人を助けようという行為自体は素晴らしいと思いますし、志を持つことも素晴らしいです。

一方で単にお金を支給するだけだったり、援助のようなことをしたとしても、それが一過性であったり、ビジネス的に成り立たない仕組みであれば、根本的な問題解決にはなりません。端的に言えば、本来ビジネスとして対価を得られるにもかかわらず、得ていない。我慢しているケースも十分考えられます。

砂漠地帯で水不足を解決する課題があったとします。日本から水を持っていき、現地の人に配る。それはそれで大事なことですが、そのようなモデルではいつまで経ってもスケールもしませんし、問題の根本解決にはなりません。

テクノロジー、砂漠、海外事業のようなタグを持つ人材が、どのようなアイデアかは浮かびませんが、これまでにない画期的な水不足の解決となるアイデアを思いついたとします。そしてそのアイデアを自らが現地に入り行い、現地の人と一緒に会社を興すなどして、ビジネスとして展開していく。そしていずれは、その人がいなくてもまわるような仕組みとしてスケールしていく。そのような取り組みが社会から求められているということです。

ストラクチュアル・ホールになる

人はどうしても、出身地や学校、職場、業界が同じような人とばかり、つながる傾向にあります。もちろん、このようなグループの中での関係性も大事です。ただ情報交換という観点から考えると、同じような属性の人たちとばかりつながっていると、業界内での情報には強くなるかもしれませんが、業界を超えるような情報を得ることはできません。

たとえば自動車業界で働いている人は、流通業界の最先端で何が起きているかは、なかなか分かりません。流通業界の最新情報を持っている人との交流がないからです。このよ

図表2 ストラクチュアル・ホール

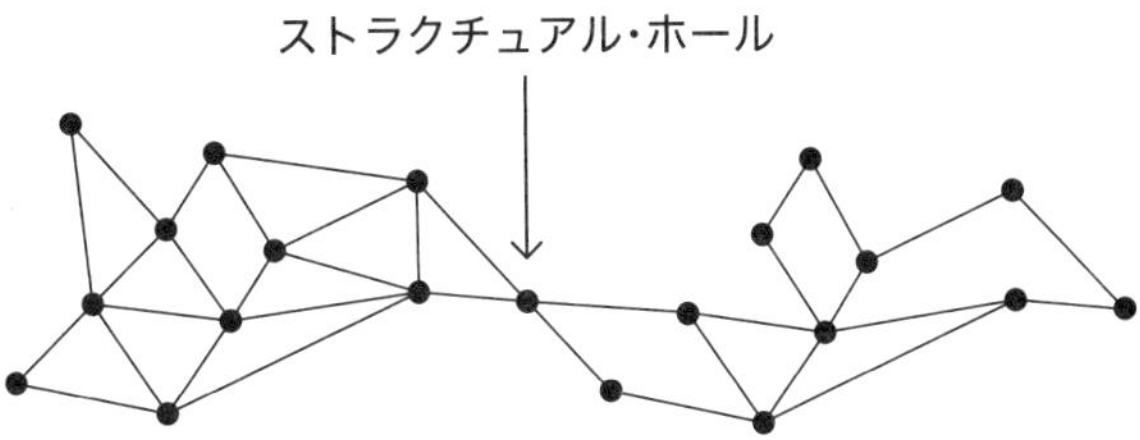

うな業界の壁を越える基点になるのが、「ストラクチュアル・ホール」です。

知人でもある早稲田大学ビジネススクールの入山章栄教授が時折、イノベーションを起こす人脈のつくり方を説明するときに用いている理論でもあり、簡単に説明すれば、「業界を超えた弱いつながり」「情報の交差点」を示すものです。

図表2を見てもらうと分かりやすいと思います。点は人で、点が絡み合っているのが、それぞれの業界です。そして図の真ん中、業界ならびに人がつながる地点が、ストラクチュアル・ホールです。ここに、情報は集まります。

たとえば私の場合。ベンチャー投資というクラスタ（業界の集まり）がある一方で、人工知能の分野の研究者、量子コンピュータの研究者などともつながっています。このようなつながりがあるため、投資業界の人脈の中だけでは到底知り得ない、人工知能や量子コンピュータの最先端の情報に敏感になることができています。

特に、量子コンピュータのようなこれからのテクノロジーにおいては、一般的なメディアの情報は少ないですし、内容が正しいかどうかも微妙です。ストラクチュアル・ホールを活用することで、手に入ります。

ストラクチュアル・ホールのメリットはまだあります。再び私を例に紹介しますが、ベンチャー投資の案件は、知り合い経由で来る場合がほとんどです。つまり、先の図の網の目の基点にいるからこそ、仕事が舞い込んできているのです。

人とのつながり、紹介というのはビジネスにおいても重要です。たとえば営業の場合。初対面、飛び込みの場合は、営業内容よりも営業マンがどのような人物なのか、どんな企業に勤めているのか、その精査から入るからです。すでにつながっている知人からの紹介であれば、スクリーニングの手間が省けます。

そもそも紹介してくれている知人も、変な人を紹介してしまっては相手に迷惑がかかるだけでなく、自分の信用を毀損《きそん》することになりますから、その時点でスクリーニングがされていることになります。

フェイスブックで友だち申請が来たときに、自分の友だちとつながっているかどうか。その友だちがどんな人物かで、その人の与信を判断するのと同じ原理です。人を序列化するわけではありませんが、信頼度の高い知人や友人から紹介された人は、やはり信頼度が高いものです。

ポケモンゴーを開発したアメリカのベンチャー企業ナイアンティックに、フジテレビが出資したことがありました。あの出資のきっかけになったのも、まさにストラクチュアル・ホールによるものです。両社の関係者の出身地がたまたま仙台だということでつながり、そこから意気投合し、あれよあれよという間に出資にまで至りました。

どんな人とつながりをつくるべきか

ストラクチュアル・ホールには、多様な業界の人と多く会うこと。つながりを持っていくことでなれます。ただ異業種の人であれば誰でもいいというわけではありません。

私の場合は大学院を出たころから多くの人に実際に会い、名刺交換した人の中からまた会いたいと思う人、10人中1～2名の人に、フェイスブックの友だち申請を送っていました。ただ当時は大学院を出たばかりの若造でしたから、承認されるのはおよそ半分でした。

私の場合は実際に会った人とのつながりからスタートしていきましたが、今であればZoomやフェイスブックのポストの内容などでも、ある程度人柄は分かるでしょう。相手の本質を見極めることがポイントですから、これらのツールを活用してつながりを広げていけば、よりコミュニケーションコストは下がるはずです。

フェイスブックでつながったら、その後は特に積極的な交流はなくともお互いのことは分かります。弱くつながっていることが重要であり、それこそがストラクチュアル・ホールに役立つからです。ただ相手から一方的に情報を得るだけの、いわゆるテイカーのような存在にならないよう注意します。

誰にでも友だち申請を出す、八方美人的なタイプも嫌われますし、ストラクチュアル・ホールにはなりません。相手から情報を得る前に、こちらから何かのメリットを提供する心がけが大事です。

といっても、情報提供は定期的にアップするポストの内容程度で構いません。また定期的に、つながっているメンバーとは交流します。たとえば誕生日のときなどはちょうどいいタイミングだと思います。

そしてそのときに、最近の動向をアップデートします。

久しぶりに連絡を取った際には、そういったこまめなやり取りが効果を発揮します。10年ぶりに連絡が来た人よりも、何となく気軽にやりとりがあった人とでは、信用度や親近感が大きく異なるからです。

実際に会う機会は2年後かもしれませんし、3年後かもしれませんが、そのような弱い関係性でいいのです。

ギブアンドテイクのバランスは意外と難しいですし、友だちに、毎年バースデーメッセージを送るのがしんどい、そういうタイプの方もいるでしょう。そのような人は、無理にストラクチュアル・ホールになる必要はありません。

ストラクチュアル・ホールに適しているタイプは、いま説明したやり取りを面倒くさいと思わない、さまざまな事象や人物に対して、常に好奇心を持つタイプだからです。ストラクチュアル・ホールだと思える人とつながっているだけでも、得るものは十分あります。

おわりに

幼いころの私の夢は、ノーベル賞を取ることでした。何にでも興味を示し、物事の仕組みを理解しなければ気が済まない性格もありましたが、4歳のときに父親が飛行機事故で亡くなったことも大きな理由です。1985年に起きた、日航ジャンボ機墜落事故です。

その後は母子家庭で育ちました。私だけではありません。病気や交通事故などで、愛する家族を失うことになってしまった人も多くいるでしょう。発展途上国や内紛が多い国で生まれたがために、自分には原因がないのに、理不尽な対応を受けたり、貧しい暮らしを強いられている人が大勢いることを、成長するにつれ、知るようになりました。

このようなアンフェアなことが起きるのを、少しでも減らしたい。生まれた場所や環境により不幸になる人を減らしたい。そのためには自分がノーベル賞を取るような発明をすればよい。そのような単純な発想から抱いた夢でした。

ノーベル賞を取るとの夢は、成長するにつれ変わりました。競争ではない賞は狙うものではなく事後に評価されるべきものであると気づいたからです。社会問題を解決し、世の中の役に立ちたい。この想いは変わらずこれまで持ち続けてきました。発明からベンチャー投資と手段は変わりましたが目指すべき目的（パーパス）は一貫し、そしてそのとおりのキャリアを歩んでいるとも思っています。

次第に、世の中を豊かにしているのはテクノロジーだということに気がついていきました。

私の夢というか人生の目的は、社会が豊かになること、理不尽に困っている人が一人でも減ることです。この目的が達成されるのであれば、仕事や肩書は手段だと考えています。ですから現在はベンチャーキャピタリストであり、京都大学で特任准教授のような肩書ですが、数年後にはベンチャー企業のメンバーに加わっているかもしれません。そのときの情勢により、変わっていると思うからです。

今回、本を出そうと思ったのも、このような不条理な世界を少しでも変えたい、変えられれば、と考えたからです。

本書では、旧態依然の企業はGAFAに淘汰されると、読者を煽《あお》ったような表現にあえてしましたが、本心としては旧態依然の会社にも、本書で紹介しているGAFAのテクノロジーやトレンドを取り入れ、変わってほしいと思っています。特に、そのような動きが遅い、日本企業にです。

冒頭の未来小説で翔さんが述べていたように、旧態依然の働き方を続けているというだけで、せっかくこれまで長きにわたり継承してきた伝統や文化、キラリと光るテクノロジーを持つ企業が、淘汰されてほしくないのです。

ですから繰り返しになりますが、数年後にはＧＡＦＡに駆逐されそうな日本企業の、ＤＸのようなプロジェクトを助言しているかもしれません。実際、今まさに取り組んでいるＶＣやＣＶＣを活用する経営層向けの授業も、そういった意図から行っています。

人にわかりやすく教えることも好きな性分ですので、伝道師（エバンジェリスト）、未来学者（フューチャリスト）のような活動にも合っているのかもしれませんが、テクノロジー業界の実務経験があり投資家でもありますから、単に派手さを狙った横文字の並ぶ机上の空論を伝える評論家ではなく、これまでになかったような現実的に役立つ洞察を伝えることができるのでは、とも思っています。

仕事、というよりも使命に近いかもしれません。ですから特に有名になりたいとも思っていません。本書で紹介したようなポイントを、一人でも多くの企業ならびにビジネスパーソンのリーダーに知ってもらい、変化を起こし、２０３０年に「失われた40年」と振り返るのを避けたいのです。それが私の願いであり、本書を執筆した理由の根幹です。

私はこれからも学び続けます。読者の方もぜひ本書を参考に、アクションを起こしてもらえれば幸せの限りです。感想、御指摘などは yamamototech2020@gmail.com か左のQRコード読み取りでのお問い合わせフォーム（定期的なテクノロジーについての時事解説提供もこのフォームから検討中です https://bit.ly/30z56tm）より頂けましたら幸いです。

著者略歴

山本康正（やまもと・やすまさ）

1981年、大阪府生まれ。東京大学で修士号取得後、米ニューヨークの金融機関に就職。ハーバード大学大学院で理学修士号を取得。修士課程修了後グーグルに入社し、フィンテックや人工知能（AI）ほかで日本企業のデジタル活用を推進。日米のリーダー間にネットワークを構築するプログラム「US-Japan Leadership program」フェローなどを経て、2018年よりDNX Ventures インダストリーパートナー。自身がベンチャーキャピタリストでありながら、シリコンバレーのベンチャーキャピタルへのアドバイスなども行う。ハーバード大学客員研究員、京都大学大学院総合生存学館特任准教授も務める。著書に『次のテクノロジーで世界はどう変わるのか』(講談社)、『シリコンバレーのVC=ベンチャーキャピタリストは何を見ているのか』（東洋経済新報社）がある。

SB新書　525

2025年《ねん》を制覇《せいは》する破壊的企業《はかいてききぎょう》

2020年11月15日　初版第1刷発行
2021年 2 月 5 日　初版第7刷発行

著　者　山本康正《やまもとやすまさ》

発行者　小川 淳

発行所　SBクリエイティブ株式会社
〒106-0032　東京都港区六本木2-4-5
電話：03-5549-1201（営業部）

装　幀　長坂勇司（nagasaka design）
本文デザイン　二ノ宮匡（ニクスインク）
D T P　株式会社RUHIA
編集協力　杉山忠義
編集担当　水早 將
印刷・製本　大日本印刷株式会社

本書をお読みになったご意見・ご感想を下記URL、
または左記QRコードよりお寄せください。

https://isbn2.sbcr.jp/07593/

落丁本、乱丁本は小社営業部にてお取り替えいたします。定価はカバーに記載されております。本書の内容に関するご質問等は、小社学芸書籍編集部まで必ず書面にてご連絡いただきますようお願いいたします。

ISBN 978-4-8156-0759-3